中华谚语

汉语大字典编纂处 编著

四川辞书出版社

图书在版编目（CIP）数据

中华谚语 / 汉语大字典编纂处编著. — 成都：四川辞书出版社，2024.6 — ISBN 978-7-5579-1581-0

Ⅰ. H136.3-49

中国国家版本馆CIP数据核字第20240B6A57号

中 华 谚 语

ZHONGHUA YANYU

汉语大字典编纂处　编著

项目统筹　干燕飞
责任编辑　阳　明
封面设计　王臬鹏
责任印制　肖　鹏
出版发行　四川辞书出版社
地　　址　成都市锦江区三色路238号
邮　　编　610023
印　　刷　成都市川侨印务有限公司
开　　本　880 mm × 1230 mm　1/32
版　　次　2024年6月第1版
印　　次　2024年6月第1次印刷
印　　张　6
书　　号　ISBN 978-7-5579-1581-0
定　　价　35.00元

· 制作部电话：（028）86361826。

目 录

道德修养

◎把别人的长处看够，把自己的短处看透。

【释义】指为人要多看别人的长处，深刻反省自己的不足之处。

◎ 把困难留给自己，把方便让给别人。

【释义】劝人要克己为人，毫不利己。

◎ 百川归海海不盈。

【释义】盈（yíng）：充满。比喻胸怀博大，永不自满。

◎ 摆船摆到岸，救人救到底。

【释义】指帮人要帮到底，不要半途而废。

◎ 饱谷穗往下垂，瘪谷穗朝天锥。

【释义】瘪谷（biěgǔ）：不饱满的谷子。比喻有真才实学的人谦虚谨慎，没有本事的人却高傲自大。

◎ 豹死留皮，人死留名。

【释义】指人死后应留下好名声，让人们怀念。

◎ 补路修桥，眼见的功劳。

【释义】指补路又修桥，多做公益事，是看得见的功德。

◎ 不吃鱼，口不腥；不做贼，心不惊。

【释义】指没有干坏事，就会处之泰然，一点儿也不惊慌。

◎ 不懂装懂，头脑碰肿。

【释义】没有知识却装出有知识的样子，必然会在实际生活中处处碰壁。

◎ 不懂装懂，永世饭桶。

【释义】饭桶：装饭的桶。比喻只会吃饭不会做事的人。指不虚心学习却自以为是的人一辈子也不会有出息。

◎ 不怕人不敬，只怕己不正。

【释义】指只要自己行为端正，办事公道，就会得到别人的敬重。

◎ 不怕头断身裂，爱国志坚如铁。

【释义】强调爱国之心决不动摇，为了祖国的利益宁可牺牲自己。

◎ 不实心，不成事；不虚心，不知事。

【释义】指一个人不诚心实意，就什么事也办不成；不虚心学习，就什么道理也不会懂。劝人要虚心学习，诚心办事。

◎ 不自满者受益，不自足者博闻。

【释义】博（bó）：多；丰富。不自满自足、虚心学习的人往往见多识广。

◎ 不做亏心事，不怕鬼叫门。

【释义】不干坏事，就问心无愧，无所畏惧。

◎ 不做亏心事，莫贪不义财。

【释义】不要做自己觉得违背正理的事情，不要贪图来路不正的钱财。

◎ 步步踏在路中央，不怕别人论短长。

【释义】说明只要行得正，走得端，就不怕别人说三道四。

◎ 步子迈得正，不怕影子歪。

【释义】比喻只要自己品行端正，就不怕别人歪曲和中伤。

◎ 残花没人戴，自夸没人爱。

【释义】残花：凋零的花朵。指自己夸耀自己的人，不会受人欢迎。

◎ 成绩是起点，荣誉当动力。

【释义】指有了成绩和荣誉，不要自满，要再接再厉，继续前进。

◎ 成人不自在，自在不成人。

【释义】成人：成为有作为的人。自在：安逸舒适。指要想成为有作为的人，就不要贪图安逸舒适。

◎ 诚可惊鬼神，孝能感天地。

【释义】指至诚至孝的品行能产生强大的震撼力。

◎ 吃得亏的是好人。

【释义】指肯吃亏的人多半人缘较好。告诫人们待人要宽宏大度，不可斤斤计较。

◎ 吃饭须知耕种苦，着丝应记养蚕人。

【释义】着（zhuó）：穿。指有吃有穿时，不要忘记这些物质财富的创造者。告诫人们要珍惜劳动成果。

◎ 吃苦在前，享受在后。

【释义】干吃苦受累的事要跑在别人前头，享受快乐要在别人的后面。

◎ 吃亏不算傻，让人不算痴。

【释义】吃亏：受损失。痴（chī）：傻。指与人相处，必要时吃点小亏、做些让步是明智之举。

◎ 吃亏人常在，刁钻不到头。

【释义】刁钻：狡猾；奸诈。指肯吃亏的人，人们会永远把他记在心中；狡猾奸诈的人终究会被人唾弃。

◎ 船头坐得稳，不怕浪来颠。

【释义】比喻立场坚定，毫不动摇，就会经得起任何考验。

◎ 村中有个好嫂嫂，满街姑娘都学好。

【释义】指一个人作出好榜样，周围的人都会学好。

◎ 大不欺小，壮不欺老。

【释义】大人不欺负小孩，身体强壮的不欺负年老体弱的。说明强者不能欺负弱者。

◎ 大事不糊涂，小事不纠缠。

【释义】指在原则问题上要清楚明白，在非原则问题上不要斤斤计较。

◎ 但得行方便，何处不为人。

【释义】指要尽可能为他人提供方便。

◎ 但行好事，莫问前程。

【释义】指劝人多做好事，不要考虑个人的得失。

◎ 担子越重，脚印越深。

【释义】比喻肩负的任务越重，越能脚踏实地。

◎ 道高龙虎伏，德重鬼神钦。

【释义】伏：屈服。钦（qīn）：敬重。修行修到一定阶段，龙虎都会屈服于他；德高望重，鬼神都会敬重于他。

◎ 得放手时须放手，得饶人处且饶人。

【释义】饶（ráo）：饶恕；宽容。指不要揪住别人的过失不放，能宽容时，就应该宽容一些。

◎ 得理让三分。

【释义】指即便自己占了理也要让别人一些。

◎ 得失一朝，荣辱千载。

【释义】朝（zhāo）：早晨。指人的得失在一朝一夕之间，而光荣与耻辱却是永久的事情。告诫人们要珍惜荣誉，不要计较得失。

◎ 低头的庄稼穗大，仰头的庄稼穗小。

【释义】比喻谦逊恭谨的才是有本事的，高傲自大的则没有什么真才实学。

◎ 滴水之恩，当涌泉相报。

【释义】形容即使只受了人家一点点恩惠，也要给以极大的回报。

◎ 敌不可纵，友不可欺。

【释义】纵（zòng）：纵容；放任。对敌人不可纵容，对朋友不可欺骗。

◎ 独行不愧形，独寝不愧食。

【释义】愧（kuì）：惭愧；羞愧。独自一人行走时，不会为自己的身影感到羞愧；独自一人起居时，不会为自己的饮食感到羞愧。说明行为端正的人在任何时间、任何场合都能做到问心无愧。

◎ 肚里没邪气，不怕冷风吹。

【释义】比喻只要自己作风正派，就不怕歪风邪气的侵扰。

◎ 妒人之心不可有，爱国之心不可无。

【释义】妒：忌妒。强调人人都应该有爱国之心。

◎ 对人要宽，责己要严。

【释义】指对别人要宽容大度，要求自己要严格认真。

◎ 饿不苟食，死不苟生。

【释义】苟（gǒu）：苟且。宁肯挨饿也不苟且求食，死亡在即也不苟且偷生。指人要有骨气。

◎ 凡人立身，忠孝为本。

【释义】立身：处世；为人。指任何人都应该把为国尽忠、孝敬父母作为立身处世的根本。

◎ 防欲如挽逆水之舟，行善如缘无枝之树。

【释义】挽（wǎn）：拉。缘：攀缘。防止欲念就像逆水拖船，做好事就如爬没枝丫的树。说明排除私心杂念和做有利于他人的事都不容易。

◎ 房屋怕倒塌，能人怕自夸。

【释义】说明即使自己的本领再高强也不要到处自我夸耀。

◎ 富不骄，贫不怨。

【释义】指家庭富贵了不要骄横，贫困时不要抱怨。

◎ 高者不说，说者不高。

【释义】指本领高的人不会自我吹嘘，自我吹嘘的人本领不会高。

◎ 根深不怕风摇动，树正何愁月影斜。

【释义】比喻只要站稳脚跟，为人正直，就可以无所畏惧。

◎ 功不独居，过不推诿。

【释义】过：过失。推诿（tuīwěi）：把责任推给别人。指有功劳时不要自己独占，出现差错时不要推卸责任。

◎ 恭可息人怒，让可息人争。

【释义】恭（gōng）：恭敬。息：平息。让：谦让。指恭敬可以使人息怒，谦让可以避免争执。

◎ 狗不嫌家穷，人不嫌地薄。

【释义】嫌：嫌怨。地薄：土地贫瘠，不肥沃。指对家庭和故土的热爱之情不会因其贫穷而减弱。

◎ 国强民也富，国破家也亡。

【释义】国家强盛，人民就富足；国家灭亡，家也就没有了。指人民的命运与国家的命运息息相关。

◎ 好茶不怕细品，好人不怕细论。

【释义】细品：仔细品尝。说明货真价实的东西不怕检验，品德优秀的人不怕评论。

◎ 好狗不跳，好猫不叫。

【释义】比喻有真才实学的人默默无闻，埋头苦干，从不吹嘘自己。

◎ 好汉不打有理人。

【释义】指好汉不会惩罚有道理的人。

◎ 好汉不怕出身低。

【释义】指有胆识有作为的人不会在乎出身低微。

◎ 好铁要打钉，好男要当兵。

【释义】是说好男儿都应应征入伍，保家卫国。

◎ 花美靠颜色，人美靠品德。

【释义】说明一个人美，美在有高尚的道德品质。

◎ 花美在外边，人美在心里。

【释义】说明人的美在于内心世界的美，而不在于外表。

◎ 花香要风吹，好事要人传。

【释义】说明好人好事要靠宣传，才能传扬开去。

◎ 黄金不为贵，道德值千金。

【释义】说明人的道德高尚是无价之宝，比什么都重要。

◎ 黄金丢失易再得，名誉丧失难挽回。

【释义】说明名誉比金子更重要，人们应珍惜自己的名声，不要做有损名誉的事情。

◎ 黄金累千，不如一贤。

【释义】贤：有德行的人；有才能的人。指钱财再多也抵不上一个有德有才的人。

◎ 黄金有价心无价。

【释义】黄金有价格可买，人心不可用价格衡量。说明高尚纯正的人心不是用金钱所能收买的。

◎ 毁树容易栽树难，学坏容易学好难。

【释义】指一个人学坏很容易，而要再转变好则相当困难。

◎ 火要空心，人要虚心。

【释义】强调要勇于接受意见，不要自以为是。

◎ 积德千年，丧德一时。

【释义】指积德行善很不容易，丧失道德却很容易。

◎ 期年树谷，百年树德。

【释义】期年（jīnián）：一周年。树：树立。指种粮食作物一年就有收获，树立品德名望需要长期努力。

◎ 疾风知劲草，患难识人品。

【释义】疾：急速；猛烈。劲（jìng）：坚韧。患难：困难和危险的处境。说明处于患难中，才可以看清人的品质。

◎ 疾风知劲草，烈火见真金。

【释义】只有经过迅猛的风吹动，才知道什么草是强劲的；只有经过烈火的熔炼，才能识别黄金的真伪。比喻只有经过严峻的考验，才能显示出人的真正品格。

◎ 家不和要败，国不和要亡。

【释义】家庭不和睦就要败落，国家不太平就要灭亡。说明小到一个家庭，大到一个国家，都要以和为贵。

◎ 见强不怕，见弱不欺。

【释义】指为人要不畏惧强暴，不欺负弱小。

◎ 见死不救非君子，见义不为枉为人。

【释义】义：正义。枉（wǎng）：白白地；徒然。为：做。指能救死扶伤、见义勇为的才是品德高尚的正人君子。

◎ 将军额上堪跑马，宰相肚里能行船。

【释义】堪（kān）：可；能。宰相：我国古代辅助君王掌管国事的最高官员的通称。形容地位高、有作为的人要肚量大、能容人。

◎ 骄傲跌在门前，谦虚走遍天下。

【释义】跌（diē）：摔。说明骄傲的人做事容易失败，谦虚的人到处都受欢迎。

◎ 骄傲是胜利的敌人，谦虚是成功的朋友。

【释义】说明要想取得胜利就要防止骄傲自满，要想获得成功就必须谦虚。

◎ 骄傲是愚人的特征，自满是智慧的尽头。

【释义】说明骄傲自满危害严重，人们应注意防止和克服骄傲自满的情绪。

◎ 骄字不倒，前进不了。

【释义】说明骄傲自满是人进步的大敌，要想进步就必须戒骄戒躁，努力进取。

◎ 脚正不怕鞋歪，人正不怕路滑。

【释义】比喻只要为人正直，不搞歪门邪道，就什么都不用怕。

◎ 脚正不怕鞋歪，心正不怕雷打。

【释义】比喻只要为人正直，心地纯正，就不怕别人的嘲讽、打击。

◎ 静坐常思己过，闲谈莫论人非。

【释义】过：过失。指为人要常常反省自己的过错，不要议论别人的不是。

◎ 救寒莫如重裘，止谤莫如自修。

【释义】重（zhòng）：厚重。裘（qiú）：毛皮的衣服。谤（bàng）：诽谤；无中生有，说人坏话，毁人名誉。说明要制止别人的恶意中伤，最好的办法是提高自己的品德修养。

◎ 救火须救灭，救人须救彻。

【释义】说明助人、救人要彻底。

◎ 举手不打无娘子，开口不骂赔礼人。

【释义】无娘子：没有娘的孩子。指不可打已经失去母亲的孩子，不可责骂已经认错的人。

◎ 君子不吃无名之食。

【释义】君子：人格高尚的人。指人格高尚的正人君子不接受来路不明的东西。

◎ 君子不夺人之好。

【释义】好（hào）：喜爱。正人君子不强取别人喜爱的东西。

◎ 君子不跟牛生气。

【释义】比喻人格高尚的人不跟无知的人计较。

◎ 君子不念旧时恶，小人偏记眼前仇。

【释义】小人：指人格卑鄙的人。指正人君子不计较过去的怨恨，卑鄙小人偏偏对眼前结下的冤仇念念不忘。

◎ 君子记恩不记仇。

【释义】指品格高尚的人只会铭记别人给自己的恩惠，不会总把仇恨记在心中。

◎ 君子量大，小人气短。

【释义】指正人君子宽宏大量，卑劣小人气量狭小。

◎ 君子遇困境，操守不变形。

【释义】操守：指人平时的行为、品德。指人格高尚的人不会因身处困难境地而改变其行为品德。

◎ 空壳麦穗头高，无知之人骄傲。

【释义】说明缺乏知识的人往往盲目自信，傲气十足。

◎ 脸污易除，心污难除。

【释义】比喻一般的缺点、毛病容易克服，内心肮脏、品质不好则难以纠正。

◎ 两脚站得牢，不怕大风摇。

【释义】指立场坚定的人在大是大非面前不会动摇。

◎ 漏洞难填，私心难满。

【释义】满：满足。说明人的私欲难以满足，就像漏洞难以填满一样。

◎ 路见不平，拔刀相助。

【释义】指遇到不平的事，要挺身而出，为弱者打抱不平。

◎ 马美在奔跑，人美在德高。

【释义】说明人的美在于品德高尚，就像马的强壮体现在奔跑中一样。

◎ 满必溢，骄必败。

【释义】溢（yì）：充满而流出来。水满了就要流出来，人骄傲就必定要失败。

◎ 满壶水不响，半壶水响叮当。

【释义】比喻有真才实学的人不爱自吹自擂，而知识浅薄、一知半解的人却爱自我吹嘘。

◎ 满招损，谦受益。

【释义】损：损失。益：益处；好处。骄傲自满会招致损失，谦虚谨慎可得到益处。

◎ 蜜蜂爱恋花朵，人民热爱祖国。

【释义】说明爱国之心人人有之，是人的天性。

◎ 明人不说暗话。

【释义】明人：心地光明的人。指光明磊落的人有什么会直截了当地指出。

◎ 明人不做暗事。

【释义】明人：心地光明的人。暗事：不光明正大的事。指光明正大的人不会干见不得人的事。

◎ 莫道人短，休谈己长。

【释义】不要议论别人的缺点，也不要谈及自己的优点。

◎ 男儿膝下有黄金。

【释义】比喻男子汉要有尊严，对人不应卑躬屈膝。

◎ 男儿有泪不轻弹。

【释义】说明男子汉应该坚强。

◎ 男人里边有英雄，女子堆里有魁首。

【释义】魁首（kuíshǒu）：在同辈中才华居首位的人。说明在人群中无论是男人还是女人都有优秀人才。

◎ 男人没性，寸铁无钢；女人没性，烂如麻糖。

【释义】强调不论男女都应该有刚强正直的性格。

◎ 男人无刚，不如粗糠。

【释义】刚：刚强。指男子汉如果缺乏阳刚之气，就连粗糠都不如。

◎ 鸟美在羽毛，人美在德才。

【释义】说明衡量一个人的好坏要看他的品德和才能。

◎ 鸟惜羽毛兽惜皮，为人处世惜名誉。

【释义】惜：爱惜；重视。指人活在世上与人往来相处要珍惜自己的名誉。

◎ 宁可当众亮丑，不可脸上贴金。

【释义】强调遇事要多作自我批评，敢于揭短，不要弄虚作假，美化自己。

◎ 宁可明枪交战，不可暗箭伤人。

【释义】指做事情要光明正大，不能搞阴谋诡计。

◎ 宁可人负我，不可我负人。

【释义】负：亏；欠。指宁肯别人对不起自己，自己也不能干对不起别人的事。

◎ 宁可身受苦，不叫脸皮羞。

【释义】说明皮肉受苦不要紧，只是不能丢脸面。

◎ 宁可无钱，不可无耻。

【释义】指宁可过穷日子，也不做违背道德良心的事。

◎ 宁可正而不足，不可邪而有余。

【释义】正：正直。邪（xié）：不正当。指宁可给用不够但保持正直，也不可富足有余却走邪路。

◎ 宁可直中取，不向曲中求。

【释义】指宁愿用正当的办法取得，决不用非正当的手段去求取。强调为人处世要光明正大。

◎ 宁为“公”字活一秒，不为“私”字活到老。

【释义】宁可为公而牺牲，也不为私而苟活。强调为人要大公无私。

◎ 贫不忧，富不骄。

【释义】指贫穷了不必忧愁，富贵了不必骄傲。

◎ 千经万典，忠孝为先。

【释义】指所有的经典都把为国尽忠、孝敬父母放在首要地位。

◎ 谦虚的人，常思已过；骄傲的人，只论人非。

【释义】过：过失。说明谦虚的人，常常反思自己的过错；骄傲自满的人，总爱议论别人的短处。

◎ 前人栽树，后人乘凉。

【释义】比喻前人创业是为了后代。也比喻前人创业，后人享福。

◎ 钱财如粪土，道德值千金。

【释义】指品质道德远比钱财重要得多。

◎ 青山全靠绿树显美，好人全凭贤良出名。

【释义】指人要获得好名声，必须贤明善良，品行端正。

◎ 人奔家乡马奔草，乌鸦也恋自己巢。

【释义】比喻无论什么人都想念自己的故乡。

◎ 人不可有傲态，但不可无傲骨。

【释义】指人不能有傲慢的态度，但不能没有做人的尊严。

◎ 人不求人一般大，水不下滩一展平。

【释义】指人不乞求别人，就不会低人一等。说明做人只要自立就能保持人格的尊严。

◎ 人不为己，顶天立地。

【释义】指人如果不存私心杂念，就会成为一个堂堂正正、顶天立地的人。

◎ 人不为己鬼神怕。

【释义】指遇事不为自己着想的人，连鬼怪和神灵都会害怕他。

◎ 人不为己，遇事不迷。

【释义】人如果没有私心杂念，遇事就会心明眼亮，不被各种假象所迷惑。

◎ 人到无求品自高。

【释义】品：品质；品德。指人达到了没有任何私欲的境地，品德自然就高尚了。

◎ 人的名儿，树的影儿。

【释义】名儿：名声。说明人在社会上好歹总有个名声，就像树高、树低总有个影儿一样。

◎人贵有自知之明。

【释义】明：明白；清楚。指人最可贵的是能清楚地了解自己，对自己有正确的认识和评价。

◎人家夸，一朵花；自己夸，人笑话。

【释义】指能得到别人的赞扬，是真正的好；自己炫耀自己，会惹人笑话。

◎人能克己身无患，事不欺心睡自安。

【释义】指为人克制自己就不会惹祸，做事不昧良心睡觉也会安稳。劝人遇事要自我克制，做事要光明正大。

◎人怕没脸，树怕没皮。

【释义】指为人最怕不知羞耻，不顾脸面。

◎人若不夸口，羞耻不临头。

【释义】临头：落到身上。说明人如果不说大话，就不会遭到别人的耻笑。

◎人世无足，足在寡欲。

【释义】足：满足。寡（guǎ）：少；缺少。指人生在世没有满足的时候，满足的关键在于克制自己的欲望。

◎人心难昧，天理难容。

【释义】昧（mèi）：指昧心。指人不可违背良心，昧心之人天理不容。

◎人要自爱，才能自尊。

【释义】指人要想得到别人的尊重，首先对自己应严格要求。

◎人以德行为先。

【释义】指人要把道德、品行放在首位。

◎人有千年誉，花无百日红。

【释义】指花不能常开不败，但人却可以美名长存。

◎人正压百邪。

【释义】邪（xié）：不正当。人只要一身正气，就能压倒一切歪风邪气。

◎ 日间不做亏心事，半夜敲门心不惊。

【释义】指为人心地纯正，不做亏心事，心里就坦然踏实，不怕别人找麻烦。

◎ 若要不怕人，莫做怕人事。

【释义】说明人要无所畏惧，就不要做见不得人的事。

◎ 若要无烦恼，先要修养好。

【释义】修养：指养成的正确的待人处世的态度。说明要想正确认识和处理问题，没有烦恼，首先要有良好的个人修养。

◎ 若争小可，便失大道。

【释义】指如果为小事而争论不休，就会失去大的道义。

◎ 三思有益，一忍为高。

【释义】说明做事三思而行是有益的举动，遇事冷静是高明的做法。

◎ 山不厌高，海不厌深。

【释义】厌：嫌弃。大山不嫌其高，大海不嫌其深。比喻品行越高尚越好。

◎ 山美不在高，人美不在貌。

【释义】说明人的美不在于外貌，而在于心灵。

◎ 胜不骄，败不馁。

【释义】馁（něi）：气馁；失去勇气。胜利了不骄傲，失败了不气馁。

◎ 诗文贵曲，人贵直。

【释义】说明写诗作文贵在曲折，多变；做人处事贵在刚直不阿。

◎ 施恩不望报，望报不施恩。

【释义】指帮助别人不是为了图报答。

◎ 十誉不足，一毁有余。

【释义】誉（yù）：名誉。说明声誉很高的人也经不住一次恶语中伤。

◎ 实干能成事，虚心能添智。

【释义】说明实实在在做事能把事情办好，虚心好学能增长智慧。

◎ 拾金不昧，品德高贵。

【释义】昧（mèi）：隐藏。指不贪意外之财是一种高尚的品德。

◎ 树不为影，人不为名。

【释义】说明人活着不是为了追求名利。

◎ 水满则溢，月满则亏。

【释义】溢（yì）：充满而流出来。水满了就会溢出来，月亮圆了就将要残缺。劝人不要骄傲自满。

◎ 水深不响，水响不深。

【释义】比喻学问渊博的人不自吹自擂，学问浅薄的人爱夸夸其谈。

◎ 水是故乡清，月是故乡明。

【释义】故乡的水最清澈，故乡的月最明亮。形容人们对故乡的思念和赞美之情。

◎ 顺逆都听，眼亮心明。

【释义】指顺耳逆耳之言都能听，就会做到耳聪目明，明辨是非。

◎ 私心重，祸无穷。

【释义】指如果一切从个人利益出发，会祸患无穷。

◎ 岁寒知松柏，日久见人心。

【释义】指经过恶劣环境的磨炼或长时间的考验，可以看出一个人的思想品质的好坏。

◎ 泰山不可移，祖国不可侮。

【释义】侮：欺负；轻慢。古人以泰山为高山的代表，常用来比喻敬仰的人和重大的、有价值的事物。这里指伟大而神圣的祖国不可欺侮。

◎ 泰山不是垒的，功劳不是吹的。

【释义】巍巍泰山不是垒起来的，赫赫功劳不是吹出来的。说明功劳是靠本事干出来的。

◎ 天不言自高，地不语自厚。

【释义】天不说自己高，地不说自己厚。比喻品德高尚、知识渊博的人从不自我炫耀。

◎ 天凭日月，人凭良心。

【释义】良心：对是非的内心的正确认识。告诫人们为人处世要讲良心。

◎ 天下兴亡，匹夫有责。

【释义】匹夫：一个人，泛指平常人。指对于国家的兴衰，每个普通老百姓都有责任关心。

◎ 头可断，血可流，祖国寸土不能丢。

【释义】指宁可流血牺牲也要保卫祖国的每一寸土地。

◎ 外表美易逝，心灵美常存。

【释义】逝（shì）：（时间、水流等）过去。心灵：指内心、精神、思想等。说明人的外表美随着年龄增长容易消失，而美好的心灵却可以经久不衰。

◎ 玩人丧德，玩物丧志。

【释义】指玩弄别人会失去道德，醉心于玩赏喜爱之物会消磨掉志气。

◎ 万恶都从“私”字起，千好都从“公”字来。

【释义】说明私为万恶之源，只有公而忘私的人才会公正办事，受到人们的称赞。

◎ 危难关头见一人心。

【释义】指在危急之时才可看出一个人的真心。

◎ 危难之中，见智见情。

【释义】指危难之时最能显示一个人的才智和真情。

◎ 未量他人，先量自己。

【释义】指不要只衡量和要求别人，而要先检查、反省自己。

◎ 无功受禄，寝食不安。

【释义】禄（lù）：旧称官吏的薪俸，泛指酬劳，也指奖赏。指无缘无故接受丰厚的酬谢，睡觉吃饭都会因此感到不安。

◎ 无私才能无畏。

【释义】指没有私心杂念才能无所畏惧。

◎ 无私者公，忘我者明。

【释义】说明只有大公无私，不计个人得失才会光明磊落，处事公正。

◎ 物最宝贵的是黄金，人最宝贵的是良心。

【释义】说明在物质当中，黄金最为宝贵；对人而言，良心最为宝贵。

◎ 小溪声喧哗，大海寂无声。

【释义】喧哗（xuānhuá）：声音大而杂乱。寂（jì）：寂静。比喻成就不大的人喜欢炫耀自己，学识渊博的人却含而不露。

◎ 心不负人，面无愧色。

【释义】负：亏；欠。愧（kuì）：惭愧；羞愧。指没有做对不起人的事，就会坦然面对一切。

◎ 心地无私天地宽。

【释义】指不存私心杂念，就会胸怀坦荡。

◎ 心正百邪不染。

【释义】邪（xié）：不正当。说明心地正直就不会沾染邪恶的东西。

◎ 心正不怕影斜。

【释义】比喻只要心地纯正、行为端正，就无所畏惧。

◎ 行船看风，拉车看道。

【释义】比喻做任何事情都要认清形势，辨明方向，以免出错。

◎ 虚心的人学十当一，自满的人学一当十。

【释义】说明学习应虚心，不要骄傲自满。

◎ 学好千日不足，学歹一日有余。

【释义】歹：坏。指学好非常不容易，学坏却非常快。

◎ 学好三年，学坏三天。

【释义】指学好不容易，学坏却很快。

◎ 学坏容易改好难。

【释义】指人一旦学坏，要想改好就非常不容易。

◎ 雪化才知松高洁。

【释义】比喻经过严峻的考验，才能显现出人的高贵品格。

◎ 痒要自己抓，好要别人夸。

【释义】说明弱点要自己去找、去克服，长处要让别人去讲。

◎ 咬人的狗不露牙，有功的人不自夸。

【释义】说明有功劳的人不自我夸耀。

◎ 要防福中变，常在苦中练。

【释义】要提防在优越的环境中蜕化变质，必须经常在艰苦的斗争中去磨炼自己。

◎ 要受人尊重，首先尊重人。

【释义】指只有尊重别人的人才会得到别人的尊重。

◎ 要学松柏千年绿，莫做桃花一时红。

【释义】比喻人一生都要保持高尚的情操，不要贪图一时的荣耀。

◎ 一分骄傲在心，百斤重负压身。

【释义】指哪怕有一点点骄傲自满都会像背上了沉重的包袱似的妨碍自己的进步。

◎ 一人做事一人当。

【释义】指自己做错的事自己承担责任，不连累别人。

◎ 以人之长，补己之短。

【释义】指用人家的长处来弥补自己的短处。

◎ 艺高不如德高。

【释义】指对一个人来说技艺造诣高超，不如品德高尚。

◎ 英雄不提当年勇，好汉不夸旧时功。

【释义】指英雄好汉不会炫耀过去的英勇和功劳。

◎ 有恩报恩，有德报德。

【释义】恩、德：恩惠。指受了别人的恩惠应当报答。

◎ 有麝自然香，不必当风扬。

【释义】麝（shè）：麝香，雄麝肚脐和生殖器之间的腺囊的分泌物，干燥后呈颗粒状或块状，有特殊的香气。比喻有本事的人自然会被赏识，用不着自我炫耀。

◎ 与其修饰面容，不如修正心胸。

【释义】强调心灵美比外表美更为重要。

◎ 与人方便，自己方便。

【释义】与：给。指给别人提供方便，自己也能得到方便。

◎ 玉碎不改白，竹焚不毁节。

【释义】焚（fén）：烧。玉石摔碎了，洁白的颜色不会改变，竹子烧毁了，坚硬的竹节依然存在。比喻人虽遭受灾难，但气节和尊严仍在。

◎ 遇方便时行方便，得饶人处且饶人。

【释义】饶（ráo）：饶恕；宽容。指遇到方便时就给人方便，能宽容人的地方就要宽容。

◎ 真金不怕火炼。

【释义】真金任凭火炼本色不改。比喻意志坚定、品格高尚的人经得住任何考验。

◎ 真人不露相，露相不真人。

【释义】真人：原指道教所说的修行得道的人，现泛指有真本事的人。说明有真本事的人从不炫耀显示自己。

◎ 正派一生宝，公心四海敬。

【释义】正派：（品行、作风）规矩、严肃、光明。指为人正派、处事公正是人生最宝贵、最受人尊敬的。

◎ 正气高，邪气消。

【释义】正气：光明正大的作风或风气。邪气：不正当的作风或风气。指正气占了上风，邪气就会消失。

◎ 正气能驱魅，无私可服神。

【释义】魅（mèi）：传说中的鬼怪。指弘扬正气能驱散鬼魅，大公无私可折服神灵。

◎ 正人先正己。

【释义】要使别人品行端正，首先要自己品行端正。说明要指责别人，先要严于律己。

◎ 正直走天下，奸诈理难容。

【释义】奸诈：虚伪诡诈。指公正坦率的人走到哪里都受尊重，虚伪诡诈的人处处为情理所不容。

◎ 只有千里的名声，没有万里的威风。

【释义】说明人的名声可以流传得很久远，但人却不可以到处耀武扬威。

◎ 重义如泰山，轻利如鸿毛。

【释义】把仁义看得像泰山一样重，把名利看得像鸿毛一样轻。劝人要轻利重义。

◎ 自爱然后人爱，自敬然后人敬。

【释义】指一个人只有自尊自爱，才能赢得别人的尊敬与爱戴。

◎ 自称好，烂稻草；自己夸，豆腐渣。

【释义】比喻自我吹嘘的人像烂稻草、豆腐渣一样一文不值。

◎ 自大不值钱，骄傲讨人嫌。

【释义】嫌：厌恶；不满意。说明自高自大的人一钱不值，骄傲自满的人令人厌恶。

◎ 自私自利人人憎，大公无私人人敬。

【释义】憎（zēng）：厌恶。自私自利的人大家都厌恶，大公无私的人大家都尊敬。说明做人应大公无私，不要自私自利。

◎ 走得端，行得正，不怕别人挑毛病。

【释义】说明只要自己品行端正，就不怕别人批评指责。

◎ 做着不避，避着不做。

【释义】既然做了就不要回避，要回避就干脆不做。指做事要光明正大，不要躲躲闪闪。

志气理想

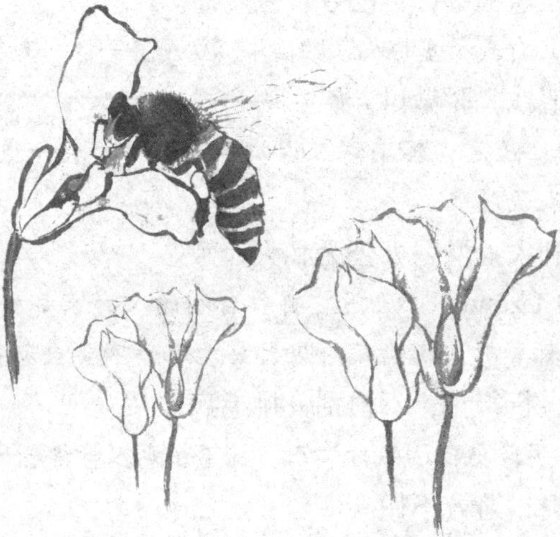

◎ 不到长城非好汉。

【释义】比喻不达目的决不罢休。

◎ 不怕百战失利，就怕灰心丧气。

【释义】说明做事屡遭失败不要紧，怕的是丧失信心，缺乏志气。

◎ 不怕别人瞧不起，只怕自己不争气。

【释义】强调只要自己有志气，别人就不会瞧不起。

◎ 不怕路远，就怕志短。

【释义】指只要志向远大，征途万里也并不可怕。

◎ 不怕人穷，就怕志短。

【释义】人穷不可怕，可怕的是没有志气。

◎ 不怕事难，就怕志短。

【释义】困难并不可怕，怕的是缺乏克服困难的志气。

◎ 不怕无能，只怕无恒。

【释义】指能力差不可怕，就怕做事没有恒心。

◎ 不怕知识浅，就怕志气短。

【释义】说明缺乏知识不要紧，就怕缺乏志气。

◎ 草活一春争阳光，人活一世为前程。

【释义】说明人一生不懈努力为的是有一个美好的前程。

◎ 草若无根不发芽，人若无志不奋发。

【释义】说明人如果没有志向，就不可能发愤图强。

◎ 草若无心不发芽，人若无心不发达。

【释义】说明人如果没有志向，事业就不会得到充分的发展。

◎ 草无雨露会干枯，人无志向要落伍。

【释义】说明花草没有雨露的滋润就会枯萎，人如果没有志向就跟不上时代的步伐。

◎ 草有茎，人有骨。

【释义】骨：比喻骨气，气概。指人活着要有骨气。

◎ 船的力量在帆上，人的力量在心上。

【释义】比喻人做事的劲头来源于自己的决心。

◎ 船怕无舵，人怕无志。

【释义】船无舵就控制不了方向，人没志气就一事无成。强调立志的重要性。

◎ 船无方向乱转，人无理想乱串。

【释义】比喻人如果没有理想，行动就会迷失方向。

◎ 得一步，进一步；走一步，近一步。

【释义】能走一步，就前进一步；向前走一步，离目标就更近一步。说明做事要循序渐进，逐步实现目标。

◎ 得志一条龙，失志一条虫。

【释义】指人有了志向，就可像一条龙一样大展宏图；没有志向，就会像一条虫一样卑微可怜。也指小人得志时会昂首挺胸，而一旦失志便会灰心丧气、萎靡不振。

◎ 灯无油不能发亮，人无理想不会闪光。

【释义】指人只要有理想，身上就一定会有可贵之处，有闪光的亮点。

◎ 地有阳光百花鲜，人有理想劲头添。

【释义】指人有了远大理想，就会努力奋斗，干劲倍增。

◎ 冻死不烤灯头火，饿死不吃猫剩食。

【释义】即使冻死、饿死也不接受别人的小恩小惠。指人在任何情况下都应该有志气。

◎ 冻死迎风站，饿死挺肚行。

【释义】比喻人有志气，不向困难低头。

◎ 多一分享受，少一分志气。

【释义】指人越贪图享受越会丧失志气。

◎ 非常之人，做出非常之事。

【释义】指不平常的人才能做出不平凡的事。

◎ 风吹云动星不动，水涨船高岸不移。

【释义】比喻不管外界如何动荡变化，自己的决心也毫不动摇，行为不受任何影响。

◎ 风再大，山也不会摇晃。

【释义】喻指意志坚强的人，再大的困难也无法动摇他的决心。

◎ 钢铁怕火炼，困难怕志坚。

【释义】指意志坚定的人能克服和战胜困难。

◎ 根深叶才茂，志壮劲才高。

【释义】根扎得深树叶才长得茂盛，只有立下雄心壮志才能有冲天的干劲。

◎ 工作无贵贱，志气有高低。

【释义】指工作没有贵贱之分，但人的志气却有高低之别。

◎ 海边岩石坚，不怕浪来颠。

【释义】比喻立场坚定的有志之士在大风大浪面前无所畏惧。

◎ 海阔凭鱼跃，天高任鸟飞。

【释义】比喻天地广阔，前程远大，可以任人自由自在地施展才华。

◎ 好蜂不采落地花。

【释义】比喻有志气的人，总是凭自己的努力创造财富，而不需要别人的施舍。

◎ 好汉千里客，万里去传名。

【释义】指好男儿四海为家，志在天下。

◎ 好马不吃回头草，好汉不买后悔药。

【释义】比喻有志气的人，一旦拿定主意，就会朝着既定目标前进而决不会回头。

◎ 好马凭肥壮，好汉凭志强。

【释义】英雄好汉靠坚强的意志去奋发图强。

◎ 好马在力气，好汉在志气。

【释义】马的好坏在于有没有力气，人的好坏在于有没有志气。

◎ 好男儿志在四方。

【释义】指有抱负的男儿到处都可以施展才华。

◎ 禾苗生长靠太阳，人的成长靠理想。

【释义】强调树立远大理想在人的成长过程中起着非常重要的作用。

◎ 虎瘦雄心在，人穷志不穷。

【释义】说明人虽贫穷，但雄心壮志不会因此而消减。

◎ 黄瓜无架摊地上，人缺志气躺床上。

【释义】喻指没有志气的人常常是浑浑噩噩地混日子。

◎ 黄雀不知鸿鹄之志。

【释义】鸿鹄（hónghú）：天鹅，因飞得高，故常用来比喻志向远大的人。比喻普通人不容易了解杰出人物的雄心壮志。

◎ 将军赶路，莫追小兔。

【释义】小小的兔子引不起有远大目标的将军的兴趣。比喻有远大志向，勇往直前的人不会在眼前的小事上纠缠。

◎ 君子之身可大可小，丈夫之志能屈能伸。

【释义】指有远见卓识的人能忍受一时的屈辱，以求将来施展才华，实现抱负。

◎ 靠亲戚，望知己，不如自己立志气。

【释义】说明与其企求别人的帮助，不如下定决心，自己动手解决问题。

◎ 靠兄靠妹，不如靠手心手背。

【释义】比喻凡事不能依赖别人，必须自己动手去干。

◎ 磕的头越多，人家看你越矮。

【释义】矮：个子低，比喻身份低。比喻奴颜婢膝的人，会被人家瞧不起。

◎ 苦心人，天不负；有志者，事竟成。

【释义】负：辜负。告诫人们，只要有志气，肯下功夫，想办的事情总能办成。

◎ 懒汉争食，好汉争气。

【释义】说明懒惰的人争吃争喝，贪图享受；有志之士，不甘示弱，发愤图强。

◎ 浪再大挡不住鱼穿水，山再高遮不住太阳红。

【释义】比喻再大的困难也难不倒有志气的人，什么力量也挡不住真理的光辉。

◎ 立志而无恒，终究事无成。

【释义】恒：恒心；长久不变的意志。终究：毕竟；终归。说明光立志而没有恒心，终归会一事无成。

◎ 立志容易，成功难。

【释义】指立下志向很容易，但要实现它却不那么容易。

◎ 立志容易，做事艰难。

【释义】指立下志向容易，把志向落实到具体的行动中就不那么容易了。

◎ 立志若专，反难为易。

【释义】说明只要专心致志地去做一件事，就会把难办的事情轻易地办好。

◎ 两手双肩，胜过皇天。

【释义】皇天：指上天；苍天。指人靠自己努力奋斗，胜过求天保佑。

◎ 马瘦毛长，人穷志坚。

【释义】说明人贫穷，其意志会更加坚强。强调穷则思变的道理。

◎ 没有铁锨难挖洞，没有志气难创业。

【释义】铁锨（tiěxiān）：铲砂、土等东西的工具。指人如果没有志气，就做不了大事。

◎ 猛兽易服，人心难降。

【释义】降（xiáng）：制伏，使驯服。指凶猛的野兽可以被征服，但人的坚强意志却难以被征服。也指改变一个人很难。

◎ 母亲的宝贝是子女，好汉的宝贝是志气。

【释义】在母亲眼里，子女最宝贵；在好汉看来，志气最值得珍惜。

◎ 男人无志，纯铁无钢；女人无志，乱草无秧。

【释义】男人无志犹如没有钢的纯铁，女人无志就像长满杂草的秧田。说明缺乏志气的人就没有人生价值。

◎ 男子汉志在四方。

【释义】指男子汉应该树立远大志向，四海为家，建功立业。

◎ 鸟飞千里靠翅膀，人要进步靠理想。

【释义】说明人要树立远大理想才能取得进步。

◎ 鸟要紧的是翅膀，人要紧的是理想。

【释义】说明鸟最重要的是要有翅膀才能自由飞翔，人最重要的是要有远大理想才能大展宏图。

◎ 宁扶旗杆，不扶井绳。

【释义】比喻宁可帮助刚强而有志气的人，也不愿扶持软弱无能没有出息的人。

◎ 贫莫贫于无才，贱莫贱于无志。

【释义】说明最贫穷的莫过于没有才能，最低贱的莫过于缺乏志气。

◎ 千高万高，人心最高。

【释义】指人的想法、欲望没有穷尽。

◎ 千金难买一口气。

【释义】强调人的生命非常宝贵。也指人的志气很宝贵，不是用金钱可以换得来的。

◎ 千靠万靠，不如自靠。

【释义】强调一切都要靠自己。

◎ 千里之行，始于足下。

【释义】千里远的路程是从迈第一步开始的。比喻实现远大的目标是从眼前的小事做起的。

◎ 勤奋使人志高，安逸使人志消。

【释义】指勤奋能使人的志气高涨，追求享受能使人的志气消退。

◎ 青山不碍白云飞。

【释义】比喻谁也阻碍不了有志者前进的步伐。

◎ 穷当益坚，老当益壮。

【释义】当（dāng）：应当。益：更加。指人穷困，意志应当更加坚强；年纪大了，志气应当更加豪壮。

◎ 穷莫失志，富莫癫狂。

【释义】指人穷了不要丧失志气，人富了不要狂妄失态。

◎ 人各有心，心各有志。

【释义】指每个人都有自己的想法和志向。

◎ 人各有志，不可相强。

【释义】指各人有各人的志趣，别人不可强迫他改变。

◎ 人凭志气虎凭威。

【释义】凭：凭借。比喻人有远大志向才可以大有作为。

◎ 人无刚骨，安身不牢。

【释义】指人如果没有刚强的骨气，就难以安身立命。

◎ 人无理想，一事无成。

【释义】说明人缺乏理想，就什么事也做不成。

◎ 人心无刚一世穷。

【释义】指人如果没有刚强的意志将会一辈子受穷。

◎ 人有志，竹有节。

【释义】强调人应该像竹子一样刚直、有气节。

◎ 人争一口气，树争一层皮。

【释义】说明人应该有骨气，不能示弱或受人欺凌。

◎ 三军可夺帅，匹夫不可夺志。

【释义】三军：对军队的统称。帅：元帅。匹夫：一个人，泛指平常人。三军的主帅能够俘虏过来，但人的志向是不能强行改变的。

◎ 山高流水长，志大精神旺。

【释义】说明只有树立了远大志向，才会精力充沛、干劲十足。

◎ 山再高也能踩在脚下。

【释义】形容人志气大，再大的困难也能战胜。

◎ 少无志气，老无出息。

【释义】说明少年时如果缺乏志气，到老也不会有出息。

◎ 石看纹理山看脉，人看志气树看材。

【释义】说明人有没有出息，主要看他有没有志气。

◎ 石头是刀的朋友，障碍是意志的朋友。

【释义】说明艰难的环境能磨炼人的意志。

◎ 士各有志，人各有能。

【释义】指每个人都有自己的志向和才能。

◎ 世上无难事，只怕有心人。

【释义】指只要有决心、有恒心，任何困难的事都可以办成。

◎ 水激石则鸣，人激志则宏。

【释义】第一个“激”：（水）因受到阻碍或震荡而向上涌。第二个“激”：使发作；使感情冲动。宏：宏大。就像水冲击石崖要发出吼声一样，人受到激励也会大展宏图。指人不受激励就不能成大器。

◎ 天上不能没有星星，人生不能没有理想。

【释义】说明理想是人生不可缺少的东西，人没有理想就好像没有星星的天空黑暗无边。

◎ 万物生长靠阳光，人生成长靠理想。

【释义】强调树立远大理想在人的成长过程中起着重要的作用。

◎ 为人能立三分志，不怕龙门万丈高。

【释义】龙门：即禹门口，在山西省河津市西北和陕西省韩城市东北。黄河至此，两岸峭壁对峙，形如门阙，故名。指人只要有一点志气，再大的困难也不会怕。

◎ 无才有志，成全半事；有才无志，白头了事；有才有志，做得大事。

【释义】白头：指年老。有志气而没有才能，只能有一半的成功；有才能而没有志气，会白白耗费一生；既有才能又有志气，才能成就大事。

◎ 无欲志则刚。

【释义】指人没有私欲，意志就会坚强。

◎ 无志山压头，有志搬倒山。

【释义】比喻人缺乏志气，困难会压得你抬不起头来；有了志气，再大的困难也不在话下。

◎ 无志者千难万难，有志者千方百计。

【释义】指没有志气的人干什么都会觉得困难重重，有志气的人会想尽办法去战胜困难。

◎ 无志之人常立志，有志之人立志长。

【释义】指没有志气的人经常立志却不认真实行，有志气的人会坚持不懈为远大的志向而努力。

◎ 信念是前进的动力，理想是精神的支柱。

【释义】说明坚定的信念和远大的理想，能给人增添前进的动力，是人生的精神支柱。

◎ 行船要有方向，少年要有理想。

【释义】比喻人从小就要树立远大理想。

◎ 胸有凌云志，无高不可攀。

【释义】凌云：直上云霄。指人如果有凌云壮志，那就没有什么事情是办不到的。

◎ 雄心制伏千江水，壮志劈开万重山。

【释义】比喻只要树立雄心壮志，就可以克服一切困难，干出惊天动地的事。

◎ 有心大海能捞针，无心小事也难成。

【释义】说明只要有理想有志气，再困难的事也可以做成。

◎ 有志不在年高，无志空活百岁。

【释义】指即使年岁小，有志气的人依然能干出一番事业；没有志气，活上百岁也一事无成。

◎ 有志漂洋过海，无志寸步难行。

【释义】有志能成就大事业，无志什么都做不成。比喻立志对于干事业来讲是至关重要的。

◎ 有志者事竟成。

【释义】竟：终于。说明只要有志气，事情总会成功。

◎ 自古英雄出少年。

【释义】自古以来，英雄好汉大多是从青少年中培养出来的。

诚实守信

◎ 白的黑不了，黑的白不了。

【释义】指事实不容歪曲。

◎ 半句虚言，折尽平生之福。

【释义】折（zhé）：损失。只要说半句谎话，就会失去一生的福分。劝告世人不要说假话。

◎ 不割心爱，不显诚意。

【释义】割：放弃。指不愿意让出或放弃自己喜爱的东西就不足以显示出自己的真心实意。

◎ 不怕事不成，单怕心不诚。

【释义】只要诚心诚意，事情就能办成功。

◎ 草萤有耀终非火，荷露虽圆岂是珠。

【释义】耀（yào）：光芒；光辉。草里的萤火虫虽能发光，但毕竟不是火；荷叶上的露珠虽然又圆又亮，但毕竟不是珍珠。说明假的终究是假的，永远不会变成真的。

◎ 诚心能叫石头落泪，实意能叫枯木发芽。

【释义】指只要真心实意地待人、处事，就可能产生使人意想不到的结果。

◎ 诚招天下客，誉从信中来。

【释义】招：招揽。指做人要讲诚信，才会深得民心，取得信誉。

◎ 赤金难买赤子心。

【释义】赤金：纯金。赤心：纯真的心。比喻真诚纯洁的心比什么都可贵。

◎ 当着真人，莫说假话。

【释义】真人：泛指明白事理的人。指面对明白事理的人，要实话实说，不能说假话。

◎ 豆腐多了一泡水，空话多了无人信。

【释义】空话讲多了就不会有人相信，就像豆腐多了水分就不是豆腐一样。劝人要多干实事，少讲空话。

◎ 该一是一，该二是二。

【释义】指办事严谨，实话实说，绝不含糊。

◎ 好话说上千千万，不如实事办一件。

【释义】指好听的话说得再多，也不如去努力办一件实事。

◎ 好树株株直，好人心赤诚。

【释义】说明正大光明的人对国家赤胆忠心，对朋友以诚相待。

◎ 话怕三头对面，事怕挖根掘蔓。

【释义】蔓（wàn）：细长而不能直立的茎。说谎话怕当面对证，做坏事怕追根问底。告诫人们要诚实，不要撒谎。

◎ 黄金难作假，戏法总非真。

【释义】戏法：魔术。黄金难以假冒，戏法都不是真的。比喻真的假不了，假的不会真。

◎ 黄金有价，信誉无价。

【释义】指信誉比金钱更重要。

◎ 谎言腿短，当场摔断。

【释义】比喻谎话总会有破绽，很快就会被揭穿。

◎ 火心越空越好，人心越实越好。

【释义】火心越空火势越旺，人心越实在越能得到别人的信任。强调做人要诚实可信。

◎ 假金方用真金镀，若是真金不镀金。

【释义】方：才。比喻假的东西才需要美化，真的东西用不着造假。

◎ 绢花再艳也是假，影子再高也是虚。

【释义】说明虚假的东西乔装得再好也掩盖不了其虚假的本质。

◎ 君子一言，快马一鞭。

【释义】君子一言既出，决不反悔，就像快马加鞭一样不可返回。比喻讲信用的人说话算数。

◎ 君子一言，驷马难追。

【释义】驷（sì）马：同拉一辆车的四匹马。君子一言既出，决不反悔，就像驷马跑出不可返回一样。比喻讲信用的人说话算数。

◎ 君子一言，重于九鼎。

【释义】九鼎（dǐng）：古代传说夏禹铸了九个鼎，象征九州，成为夏、商、周三代传国的宝物。比喻极重的分量。指言行一致的人说出一句话，就有相当重的分量。

◎ 刻薄不赚钱，忠厚不折本。

【释义】经商做买卖，待顾客刻薄的不一定能赚到钱；忠厚老实的也不一定就亏本。指老实厚道的人不会吃亏。

◎ 枯树无果实，空话无价值。

【释义】比喻只讲空话不讲实际，一点用处也没有。

◎ 老实常在，欺诈常败。

【释义】说明诚实本分的人能够在生活中长久地站稳脚跟；狡猾奸诈的人难以逃脱败落的命运。

◎ 老实常在，说空常败。

【释义】指为人忠厚老实，任何时候都能站得住脚，而说空话的人只会常常遭遇失败。

◎ 老实人，办实事。

【释义】指老实人不会说空话，而是会做实际工作，实实在在地办事。

◎ 老实人威信高，奸猾人败事多。

【释义】说明忠诚老实的人往往有很高的威信，奸诈狡猾的人常常会办坏事情。

◎ 路直有人行，人直有人合。

【释义】比喻如果一个人为人正直，就会有人乐意与他合作共事。

◎ 泥人经不住雨打，谎言经不起调查。

【释义】说明说谎话的人经不起事实的检验，终究要被揭穿。

◎ 气量要宏大，待人要真诚。

【释义】指待人接物要宽宏大度，真实诚恳，不弄虚作假。

◎ 千金难买信得过。

【释义】指能得到别人的信任是非常难能可贵的。

◎ 千虚不抵一实。

【释义】抵（dǐ）：相当；能代替。说明虚假的东西搞得再多，也不如搞一点实在的好。

◎ 巧言不如直道。

【释义】指花言巧语不如实话实说。

◎ 巧诈不如拙诚。

【释义】巧妙的伪诈，不如朴拙的诚实。指只有诚实才能使人立于不败之地。

◎ 茄子不开虚花，男儿不说空话。

【释义】虚花：不结果实的花。比喻男子汉大丈夫要说话算数。

◎ 茄子不开虚花，真人不讲假话。

【释义】比喻老实诚恳的人说话可信。

◎ 人靠心好，树靠根牢。

【释义】指在社会生活和人际交往中，只要心地纯正、善良，就会赢得信任，站稳脚跟。

◎ 人美在心，话美在真。

【释义】指人的美丽在于心灵，言语的美好在于真诚。

◎ 人无信不立。

【释义】说明信用是人的立身之本。

◎ 十里没真言。

【释义】指话传得越远，其可信度越低。

◎ 实话驳不倒，谎话怕追考。

【释义】指讲真话经得起考验，说假话经不住追究和盘查。

◎ 实话好说，谎话难圆。

【释义】指讲实话可以照直去说比较容易，说谎话则很难编得周全。

◎ 是真难灭，是假易除。

【释义】指事实不会被抹杀，假冒容易被识破、被摒弃。

◎ 受人之托，必当终人之事。

【释义】托：委托。指既然接受了别人的委托，就应当有始有终地把事情办好。

◎ 树要直，人要实。

【释义】指树长得直才能成材，人要诚实才能在社会上立足。

◎ 树直用处大，人直朋友多。

【释义】指人正直、不虚伪，结交的朋友就多。

◎ 说好的不要锦上添花，说坏的不要添油加醋。

【释义】指是好是坏都应该实事求是，不能有一点虚假。

◎ 说一是一，说二是二。

【释义】指说话算数，毫不含糊。

◎ 桃李不言，下自成蹊。

【释义】蹊（xī）：小路。桃树、李树不会说话，可它们的花果会吸引人前来观赏，以致树下被人踏出一条小路来。比喻只要为人真诚，就会感动他人。

◎ 小孩嘴里吐真言。

【释义】指小孩子思想单纯，不会说假话。

◎ 邪不能胜正，伪不能胜真。

【释义】邪（xié）：不正当。指邪气不会压倒正气，假的不会战胜真的。

◎ 心诚则灵，意诚则实。

【释义】指为人做事只要诚心诚意，自然会把事情办好，取得好结果。

◎ 心口如一终究好，口是心非难为人。

【释义】指心里想的和嘴里说的应该保持一致；嘴上说一套心里想另一套则难以做人。

◎ 信誉比金子更重要。

【释义】强调信用、名誉的重要性。

◎ 行路的怕黑天，说谎的怕戳穿。

【释义】戳（chuō）穿：说破；揭穿。比喻谎言一旦被揭穿便真相败露，信誉扫地。

◎ 言必有信，行必有果。

【释义】信：信用。果：果敢；坚决。说话一定要讲信用，行动一定要果敢坚决。

◎ 眼见方为是，传言未必真。

【释义】方：才。指亲眼看到的才真实可靠，传言多讹，不要轻易相信。

◎ 眼睛里容不得灰渣，朋友间说不得假话。

【释义】指朋友之间应该真心坦诚，不能有半点虚假。

◎ 眼里容不得一粒沙，人容不得半点虚假。

【释义】说明人们对虚假的东西不能容忍。

◎ 一次说了谎，到老人不信。

【释义】说明讲诚实、讲信用涉及人品，是赢得别人信赖的基础。

◎ 一言不实，百事皆虚。

【释义】指一个人说了一句不真实的话，别人就会认为他所说的其他事情都是虚假的。告诫人们要讲真话，不要说假话。

◎ 一言已定，千金不移。

【释义】移：改变。指已经说定，无论如何都不可改变。

◎ 有一说一，有二说二。

【释义】指实话实说，不搞虚假。

◎ 真的假不了，假的真不了。

【释义】指真假分明，不可能混淆不清。

◎ 真话好说，瞎话难编。

【释义】瞎话：不真实的话；谎话。指说真话容易，谎话容易被揭穿，很难自圆其说。

◎ 真人面前不说假话。

【释义】指面对可信赖的人、明白事理的人，要实话实说，不要说虚假的话。

◎ 真心对真心，黄土变成金。

【释义】比喻只要彼此真心相待，什么奇迹都可能发生。

文明礼貌

◎ 爱徒如子，尊师如父。

【释义】爱护徒弟像爱护晚辈一样，尊重师傅像尊重父辈一样。强调和赞扬尊师爱徒的美德。

◎ 百行孝为先。

【释义】行（xíng）：行为。指在诸多行为当中孝敬应该放在第一位。

◎ 吃人一口，报人一斗。

【释义】斗（dǒu）：旧容量单位，10升等于1斗，10斗等于1石。指受人小惠，要予以大的报答。

◎ 吃盐的人不讲淡话，懂理的人不讲横话。

【释义】横（hèng）：粗暴；凶暴。指明白事理的人不会说蛮横无理的话。

◎ 痴汉不让人，让人非痴汉。

【释义】说明痴汉只知蛮干，不懂礼让；聪明的人则能让则让，尽量把方便和好处让给别人。告诫人们与人相处要谦让，不怕吃亏。

◎ 出门三辈小，不叫哥，便叫嫂。

【释义】指出门在外的人，要处处恭谦，对人有礼貌，才能给自己带来方便。

◎ 打人三日忧，骂人三日羞。

【释义】羞：羞惭；惭愧。说明因一时冲动而采取过激行动，事后担心会因此而产生严重后果或造成不良影响，因而内心感到羞愧。

◎ 大欺小，不公道；大帮小，呱呱叫。

【释义】公道：公平；合理。指强者不应欺侮弱者，强者给弱者以帮助是值得称赞的。

◎ 大小是个礼，长短是根棍。

【释义】指人情往来不在乎礼轻礼重，重在表达情谊。

◎ 当着矮人，莫说短话。

【释义】当着个子矮的人不要说“短”字。指不要当面揭别人的短处或说别人忌讳的话。

◎ 父慈悲，儿孝顺。

【释义】指父辈关爱子女，子女就会孝敬父辈。

◎ 父慈子孝，兄友弟恭。

【释义】指父亲慈爱子女，子女就孝敬父亲；哥哥对弟弟友爱，弟弟就尊重哥哥。

◎ 恭敬不如从命。

【释义】与其对人谦恭，不如听从他的吩咐。多用于表示接受对方赠予或邀请时的谦辞。

◎ 得人一牛，还人一马。

【释义】比喻礼尚往来，互相赠答。

◎ 多叫一声哥，少走十里坡。

【释义】比喻虚心向人请教可以少走弯路。

◎ 瓜子不饱是人心。

【释义】比喻礼轻情义重。

◎ 瓜子待客一点心。

【释义】比喻款待客人的东西虽然微薄，但却代表主人的一片心意。

◎ 光顾窝里热，凉了客人心。

【释义】指只顾家里人，冷落怠慢了客人。

◎ 棍子伤肉，恶语入骨。

【释义】说明挨打只伤及皮肉，恶语中伤对人的伤害则更重。

◎ 好汉不打上门客。

【释义】指英雄好汉不欺侮来访的客人。

◎ 和气不蚀本。

【释义】蚀（shí）本：赔本儿。说明和气待人不会受到什么损失。

◎ 话到嘴边留半句，事从理上让三分。

【释义】指说话要谨慎，留有余地；处事要注意礼让，不要得理不让人。

◎ 见客莫退后，做客莫向前。

【释义】主人见客要主动上前迎接以示热情；作为客人则要谦让，不要强出风头。

◎ 敬人自敬，薄人自薄。

【释义】敬：尊敬。薄：看不起；轻视。指尊敬别人就是尊敬自己，轻视别人就是轻视自己。

◎ 酒斟满，茶倒浅。

【释义】给客人斟酒要斟满，以表热情；给客人倒茶不能倒满，以显文雅。

◎ 君子争礼，小人争嘴。

【释义】正人君子争的是礼仪，卑劣小人争的是吃喝。

◎ 客来不起立，主人失了礼。

【释义】指主人要站起来迎接客人，否则就是失礼。

◎ 客来茶当酒，意好水也甜。

【释义】指只要主人真诚待客，哪怕只是喝碗茶，客人也会觉得心里舒服。

◎ 客气非朋友，朋友不客气。

【释义】指朋友之间交往实来实去，不讲客套。

◎ 客无亲疏，来者当敬。

【释义】指客人没有远近亲疏之分，应一视同仁，以礼相待。

◎ 礼到人心暖，无礼讨人嫌。

【释义】讨：招惹。嫌：厌恶；不满意。礼貌待人，使人感到温暖；不讲礼貌，让人厌恶。

◎ 礼无厚薄，不可漏落。

【释义】漏落：遗漏；漏掉。指要礼貌待人，不可厚此薄彼。

◎ 利刀伤体疮犹合，恶语伤人恨难消。

【释义】疮：外伤。犹（yóu）：尚且；还。锋利的刀割破的伤口容易愈合，用恶言恶语中伤别人，结下的怨恨则难以消除。

◎ 良言一句三冬暖，恶语一出六月寒。

【释义】良言：对人有益的话。三冬：指冬季三个月。恶语：伤害人的话。善意的话，即使在严寒的冬天，也会使人感到温暖；恶意伤人的话，即使在炎热的夏天，也会使人感到心寒。

◎ 良药苦口利于病，忠言逆耳利于行。

【释义】良药：好药。忠言：诚恳劝告的话。逆耳：不顺耳；听起来不舒服。要治病，就不要怕吃难吃却能治好病的药；要使自己的行为正确，就不要怕听不顺耳的忠言。

◎ 你敬他一尺，他敬你一丈。

【释义】一尺：概数，表示少。一丈：概数，表示多。指敬重别人能得到加倍的回报。说明只有尊重别人才能得到别人的尊重。

◎ 让礼一寸，得礼一尺。

【释义】指对人讲礼貌，别人会对你加倍尊重。

◎ 让人不算低，过后讨便宜。

【释义】指遇事忍让、宽容不是低三下四，往往日后会赢得友谊，得到好处。

◎ 让人三分不为输。

【释义】指与人发生争执时，忍让一些并不是输理。

◎ 让人一步自己宽。

【释义】对人礼让，实际上是为自己的今后留下了很宽的路子。

◎ 让人一着，天宽地阔。

【释义】着（zhāo）：下棋时下一子或走一步叫一着。比喻对人能够忍让、宽容，解决矛盾的回旋余地就很大。

◎ 让三分处事，退一步做人。

【释义】指为人处世要善于谦让。

◎ 人恶礼不恶。

【释义】指对方虽然人品坏，但还是要以礼相待。

◎ 人敬我一尺，我敬人一丈。

【释义】指别人敬重自己，自己要更加敬重别人。

◎ 人熟礼不熟。

【释义】指人和人之间再熟也要讲究礼节。

◎ 若要好，大让小。

【释义】让：谦让。指要想把事情处理好，年龄或辈分大的就要对小的谦让。

◎ 天地为大，亲师为尊。

【释义】亲：指父母。说明父母和师长是最值得尊敬的。

◎ 投以木桃，报以琼瑶。

【释义】投：赠送。报：回赠；报答。琼瑶（qióngyáo）：美玉。比喻对别人给以自己的恩惠要加倍报答。

◎ 投之以桃，报之以李。

【释义】你送给我桃子，我送给你李子。比喻礼尚往来，互相赠送答谢。

◎ 徒弟技艺高，莫忘师傅教。

【释义】徒弟学到高超的技艺，要牢记师傅的传授之恩。

◎ 问路不施礼，多走二十里。

【释义】比喻待人处事不讲礼貌，往往要吃亏。

◎ 乌有反哺之义，羊有跪乳之恩。

【释义】乌：乌鸦。反哺：传说小乌鸦长大后，衔食喂母乌鸦，比喻子女长大后要侍奉父母。跪乳：跪着吃奶。乌鸦知道反哺，羊羔知道跪着吃奶。比喻人应当孝敬父母。

◎ 先人后已，彬彬有礼。

【释义】彬彬（bīnbīn）：形容文雅。指人应该举止文雅，谦恭而有礼貌。

◎ 盐多菜不坏，礼多人不怪。

【释义】指多讲礼节，别人不会责怪。

◎ 一日为师，终身为父。

【释义】终身：一生（多就事业说）。旧指师傅一旦收徒传艺，徒弟就会一生把他当成父亲来尊敬。比喻对师长应尊重有礼貌。

◎ 一笑可遮百丑。

【释义】指如果一个人脸上时常带着笑，对人有礼貌，就能弥补自身的一些不足。

◎ 一样的客，两样的菜；同样的人，两样的待。

【释义】说明待人分厚薄，处事不公。

◎ 一争两丑，一让两有。

【释义】丑：这里指出丑。指互相争夺，双方都失面子；互相谦让，对双方都有利。

◎ 油多不坏菜，礼多人不怪。

【释义】炒菜多加油，菜不容易放坏；对人多讲礼节，别人不会怪罪。

◎ 在家敬父母，何用远烧香。

【释义】劝人在家要好好孝敬父母，用不着舍近求远去烧香拜佛。

◎ 争着不足，让着有余。

【释义】你争我夺，东西再多也显得不够；互相谦让，东西虽少也显得绰绰有余。说明在利益面前，要讲风格，互相谦让。

◎ 知理不怪人，怪人不知理。

【释义】指通情达理的人不轻易责怪别人，随便责怪他人的人不通情达理。

◎ 种禾得稻，敬老得宝。

【释义】指敬重老人，就能从老人那里获得宝贵的知识和经验。

◎ 主随客便，客随主便。

【释义】指无论主人或客人都要视对方的方便行事。

◎ 走南闯北去烧香，不如在家孝爹娘。

【释义】孝：孝敬。指到处花钱去烧香拜佛，求神保佑，不如守在家里好好孝敬父母。

团结互助

◎ 给人送肉，不如教人养猪。

【释义】比喻接济别人财物，不如教他学会一门技术。

◎ 孤掌难鸣，独脚难行。

【释义】比喻个人的力量单薄，很难办成大事。

◎ 锅里有了，碗里就有了。

【释义】比喻集体富裕了，大家就有饭吃。

◎ 寒霜打死独根草，狂风难毁大树林。

【释义】比喻一个人势单力薄，经不起打击；集体的力量大，很难摧毁。

◎ 好手不敌双拳，双拳不敌四手。

【释义】敌：抵挡。比喻个人的本领再大，也没有众人的力量大。

◎ 合群的喜鹊能擒鹿，齐心的蚂蚁能吃虎。

【释义】擒（qín）：捉拿。比喻弱者只要齐心协力，就能战胜强者。

◎ 合则两利，离则两伤。

【释义】劝人要团结合作，不要分裂。

◎ 红花还得绿叶扶。

【释义】扶：衬托；扶持。比喻一个人的能力再强，也需要大家的支持和帮助。

◎ 虎单势孤，鸟多遮日。

【释义】比喻失去了集体，强者也会变得弱小；形成集体，弱小也会变得强大。

◎ 黄麻搓绳拉不断，毛竹成捆压不弯。

【释义】比喻团结力量大。

◎ 会说难抵两张口，会做难抵两双手。

【释义】抵（dǐ）：相当；能代替。说明个人本事再大也不如众人的力量大。

◎ 饥时一口，胜过饱时一斗。

【释义】斗（dǒu）：旧容量单位。比喻急需时或困难时得到很少的帮助，也胜过平时得到的大量资助。

◎ 家有患难，邻里相助。

【释义】指一家遭遇危难，就会得到街坊邻居的帮助。

◎ 见人遇难不搭救，活在世上也害羞。

【释义】指见人有难要设法救助，否则自己都会羞愧难当。

◎ 见死不救，心肠发臭。

【释义】指在紧要关头不给人以帮助的人，是心肠很坏的人。

◎ 力生于团结，事成于和睦。

【释义】说明团结一心才有力量，和睦相处才能把事情办好。

◎ 离群的绵羊，迟早要喂狼。

【释义】比喻脱离了集体的人不会有什么好结果。

◎ 篱笆牢靠要打桩，好汉做事要人帮。

【释义】篱笆（lí · ba）：用竹子、芦苇或树枝等编成的遮拦物，一般环绕在房屋、场地等的周围。指即使是本事大的人，如要做成事情，也离不开别人的帮助和支持。

◎ 马行千里，无人不能自往。

【释义】马行千里路，没有人驾驭不行。比喻再有能耐的人，如果没有人引荐也难以功成名就。

◎ 蚂蚁心齐啃骨头。

【释义】比喻人心齐才能办大事。

◎ 帽子不压风，一人不压众。

【释义】比喻群众的力量是巨大的，任何人能力再大也不能同集体的力量相比。

◎ 莫学蜘蛛各牵网，要学蜜蜂共采花。

【释义】比喻做事不要光是自己埋头去干，而要充分调动大家的积极性，团结一心，共同努力。

◎ 牡丹花好，还需绿叶扶持。

【释义】牡丹花虽然好看，还要绿叶来衬托。比喻人的能力再强，也需要别人的帮助。

◎ 鸟多不怕鹰，人多把山平。

【释义】比喻团结就是力量。

◎ 宁给饥人一口，不送富人一斗。

【释义】指要在人最需要帮助的时候出手相助，不要去巴结不需要帮助的人。

◎ 宁做箍桶匠，不做拆板人。

【释义】箍桶匠：制作木桶的工人。比喻要促进团结，不搞分裂。

◎ 牛劲不齐乱拉套，人心不齐瞎胡闹。

【释义】拉套：在车辕的前面或侧面拉车。指人心不齐会把事情搞乱。

◎ 平时不帮人，急时无人帮。

【释义】指平时不帮助别人，自己危难时也得不到别人的帮助。

◎ 平时肯帮人，急时有人帮。

【释义】平时主动帮助别人，一旦自己有困难时就会有人帮助。强调人与人之间贵在互助。

◎ 齐心能把山推倒，团结能把海填平。

【释义】形容团结一心，可以移山倒海。

◎ 千金难买两同心。

【释义】指两人同心协力对一个家庭非常重要。

◎ 人多力量大，柴多火焰高。

【释义】指众人团结起来力量就大。

◎ 人多力量强，黄沙能长粮。

【释义】指人多力量大，可以改天换地。

◎ 人合手，马合套，干起活来呱呱叫。

【释义】说明做事时，大家配合得好效率就高。

◎ 人怕单行，雁怕离群。

【释义】指人害怕脱离集体单独行动。

◎ 人怕齐心，虎怕成群。

【释义】比喻团结一心力量大。

◎ 人怕遇难，船怕上滩。

【释义】比喻人遇到灾难，就像船搁浅难以行驶一样。意为朋友有难应及时帮助，而不可袖手旁观。

◎ 人心齐，泰山移。

【释义】比喻只要大家团结一心，就可以产生巨大的力量。

◎ 弱不敌强，寡不敌众。

【释义】敌：抵挡。指弱小的势力抵挡不住强大的势力，少数人的力量抵挡不过众多人的力量。

◎ 三人一条心，其利可断金。

【释义】利：利刃。断金：切断金属。三个人同一条心干事，其力量就像利刃一样能够切断金属。比喻团结一心力量大。

◎ 手掌朝里，拳头朝外。

【释义】指团结一致对付外人。

◎ 树不成林怕大风。

【释义】比喻势孤力单经受不起大的灾祸。

◎ 双木桥好走，独木桥难行。

【释义】比喻人多势众好办事，身单力薄难成事。

◎ 炭多火红，人多势雄。

【释义】指人多势众，能形成强大的力量。

◎ 天时不如地利，地利不如人和。

【释义】原指打仗时，好的气候条件不如占据有利的地形，占据有利的地形不如大家团结一致。现多用以强调团结和睦的重要性。

◎ 同病相怜，同忧相救。

【释义】指有相同遭遇的人能互相怜惜、互相救助。

◎ 桶没箍就散，车没油就喊。

【释义】喊：叫唤，车轴里缺少润滑油，摩擦力加大而发出声音。比喻一个集体如果无约束就会矛盾四起，涣散无力。

◎ 头雁顶住风，群雁往前冲。

【释义】头雁：带领群雁往前飞翔的大雁。比喻领导敢于顶风破浪，勇往直前，群众就会跟着干。

◎ 土帮土成墙，穷帮穷成王。

【释义】比喻团结互助能成大事。

◎ 团结力量大，泰山能搬家。

【释义】指团结一致能移山倒海。

◎ 细麻搓成绳，能担千斤重。

【释义】担（dān）：担负；承当。比喻团结起来力量大。

◎ 协力山成玉，同心土变金。

【释义】比喻只要同心协力，就会成就大业。

◎ 星多夜空亮，人多智慧广。

【释义】比喻集思广益，就会有很多办法。

◎ 姓不同心同，道不同志同。

【释义】指不论姓氏、不分职业，大家应该不分彼此，同心协力，互相扶持。

◎ 一不拗众，四不拗六。

【释义】拗（niù）：固执；不随和；不顺从。指少数人难以改变多数人的意志。

◎ 一朵鲜花不成春，万紫千红春满园。

【释义】形容个人力量有限，集体的力量可以影响和改变整个局面。

◎ 一朵鲜花打扮不出春天。

【释义】形容个人力量再大也是有限的，影响和改变不了整个局面。

◎ 一方有难，八方支援。

【释义】难（nàn）：灾难。指一个地方发生灾难，四面八方都伸出援助之手。

◎ 一个篱笆三个桩，一个好汉三个帮。

【释义】三：概数，表示多。比喻再有本事的人也需要别人的帮助。

◎ 一个巧鞋匠，没有好鞋样；两个巧鞋匠，大家有商量。

【释义】比喻人多智慧广，办事好商量。

◎ 一个人浑身是铁也打不了几颗钉。

【释义】说明一个人力量再大也是有限的。

◎ 一根单丝难成线，千根万根拧成绳。

【释义】比喻个人的力量有限，大家团结起来力量才大。

◎ 一根稻草抛不过墙，一根木头竖不起梁。

【释义】比喻一个人势单力薄，发挥不了大的作用。

◎ 一根钢筋容易弯，三根麻绳扯不断。

【释义】比喻团结起来力量大。

◎ 一根筷子容易折，十根筷子硬如铁。

【释义】比喻一个人势单力薄，大家团结起来才能形成强大的力量。

◎ 一家盖不起龙王庙，万人造起洛阳桥。

【释义】龙王庙：旧时人们修造的供奉龙王神像的庙宇。洛阳桥：在福建省泉州市东的洛阳江上，我国古代著名的石桥。比喻一家的力量有限，办不成大事；千家万户共同努力则可以成就大业。

◎ 一家有事百家忧。

【释义】指一家有了麻烦，大家都为其担忧。比喻大家团结互助。

◎ 一将难敌二手，好汉也怕人多。

【释义】敌：抵挡。指一个人武艺再高强，也抵不过人多。

◎ 一龙难戏千江水，一虎难登万重山。

【释义】比喻一个人的力量再大，如果单枪匹马也办不成大事。

◎ 一木不成林，一花不成春。

【释义】木：树木。一棵树木成不了森林，一朵鲜花成不了春天。比喻个人力量单薄成不了大事。

◎ 一起吃才甜，一起抬才轻。

【释义】比喻团结共事，生活才会轻松愉快。

◎ 一人不敌二人计，人多能出好主意。

【释义】敌：抵挡。说明人多办法好、主意高。

◎ 一人担一担，众人搬座山。

【释义】担一担（dàn）：挑一担子。比喻人多力量大。

◎ 一人计短，众人计长。

【释义】指一个人的主意常常有不足之处，大家商量出的办法才周到全面。

◎ 一人难撑两只船，人多做事胜过天。

【释义】比喻人少办不成事，人多再大的事也能办成。

◎ 一人踏不倒地上草，众人踩出阳关道。

【释义】阳关道：原指古代经过阳关（今甘肃省敦煌市西南）通向西域的大道，后泛指通行便利的大路。比喻个人的力量非常渺小，众人却能作出惊人的业绩。

◎ 一人一把土，堆起万丈山。

【释义】比喻大家每个人出一点力气，就能积少成多，完成大业。

◎ 一人有难大家帮，一家有事百家忙。

【释义】指一个人有了灾难、一个家庭出了事情，大家都会帮忙解决。比喻大家团结互助。

◎ 有盐同咸，无盐同淡。

【释义】有好处一起分享，有困难一起分担。

◎ 只要桨划齐，不怕浪花急。

【释义】桨：木制划船用具。比喻只要齐心协力，任何困难都不可怕。

◎ 众擎易举，一木难支。

【释义】擎（qíng）：往上托；举。比喻一个人力量有限，大家同心协力就容易把事情做成功。

◎ 众人拾柴火焰高。

【释义】比喻人多心齐力量大。

◎ 众心成城，众口铄金。

【释义】铄（shuò）：熔化。众人齐心，坚如城墙；众口一词，足可熔化金属。比喻团结一心力量无比，群众舆论影响巨大。

遵纪守法

◎ 不犯王法不怕官。

【释义】王法：封建时代称国家法律，现指政策法令。指不做坏事、不违反法纪就什么都不怕。

◎ 不怕千日罪，只要当日悔。

【释义】悔（huǐ）：懊悔；后悔。指一个人尽管做了很多错事坏事，只要及时悔改就可以得到谅解。

◎ 不怕人心似铁，难逃官法如炉。

【释义】尽管心像铁一样也禁不住官法这一火炉的熔炼。说明人再强硬，也难以与法律抗衡。

◎ 车走车路，马走马路。

【释义】比喻各行其是，互不相干。也比喻事物都有各自的规则和规矩。

◎ 吃鱼嘴腥，做贼心惊。

【释义】指做坏事的人心虚胆怯，时时担心自己的行为会被人发现。

◎ 出门在外，入乡随俗。

【释义】指身在异乡的人，应该入乡随俗，遵守当地的风俗习惯。

◎ 锄一恶，长十善。

【释义】锄（chú）：铲锄。指除掉一个坏人就是多做十件好事。

◎ 当行则行，当止则止。

【释义】应当行动就行动，应当停止就停止。指凡事应掌握分寸，不可盲动或违规。

◎ 到了人家庙里，就得守人家规矩。

【释义】指到了什么地方，就要遵守什么地方的规矩。

◎ 罚不避功臣，赏不论亲近。

【释义】有功之人犯罪也要受到惩罚，行赏也不能偏向亲近之人。强调赏罚要分明，不讲私情。

◎ 法字没多重，万人抬不动。

【释义】指国家大法威严庄重，不可动摇，人人都要遵守，不可违犯。

◎ 非理之财莫取，非理之事莫为。

【释义】违背情理的钱财不能获取，违背情理的事情不能去做。

◎ 钢刀虽快，不斩无罪之人。

【释义】强调法律虽严，但却非常公正，决不滥杀无辜。

◎ 个人靠集体，集体靠纪律。

【释义】指人的生存离不开集体，集体的发展离不开纪律。

◎ 各处各乡俗，一处一规矩。

【释义】指各地有各地的乡风民俗及乡规民约。

◎ 官法不容情。

【释义】指国家法律不讲情面。

◎ 国有国法，家有家规。

【释义】国家有国家的法律，家庭有家庭的规矩。指公民要按法律和规矩办事。

◎ 蛤蟆再跳，跳不出水塘；坏人再躲，躲不过法网。

【释义】说明坏人无论躲到哪里，最终都逃脱不掉法律的制裁。

◎ 河水虽急，沿着河床流；人虽众多，守着法律走。

【释义】河床：河流两岸之间容水的部分。河流虽然湍急，也要沿着河床流动；人虽然众多，都要依照法律行事。指人人都必须依法办事。

◎ 河水沿着河道走，好人沿着法理走。

【释义】法理：法律的理论根据。喻指品德高尚的人做事规矩合理，决不会违法。

◎ 纪律不能松，松了乱哄哄。

【释义】松：松弛。说明纪律松弛会造成混乱。

◎ 井水不外流，秘事不外传。

【释义】强调秘密的事情不能向外泄露。

◎ 立法不可不严，执法不可不慎。

【释义】慎：谨慎。强调立法要严肃认真，执法要小心谨慎。

◎令出山摇动，严法鬼神惊。

【释义】形容严明的法令威力强大，对坏人能起震慑（shè，使害怕）作用。

◎律设大法，理顺人情。

【释义】律：法律；规则。指在法律上有国法可依，在道理上能顺应民情。

◎略知孔子三分礼，不犯萧何六尺条。

【释义】萧何六尺条：西汉初年，萧何制定法律，将条文刻写在六尺竹简上。指稍微懂得一些知识，就不会触犯法律。

◎没有规矩，不成方圆。

【释义】规：画圆形的工具。矩：画方形或直角用的曲尺。比喻不按照一定的规章制度就办不成事情。

◎明知故犯，罪加一等。

【释义】指明知自己的行为违法，却故意违犯，对其要加重制裁。

◎千日行善不足，一日作恶有余。

【释义】指好事天天做也嫌不够，坏事一天也不能做。

◎惹祸遭灾，问罪应该。

【释义】指以身试法的人，理应受到法律的制裁。

◎人情似铁非为铁，官法如炉却是炉。

【释义】官法：国家的法律。炉：熔炉。指执法严明，铁面无私，决不含糊。

◎若要人不知，除非己莫为。

【释义】要想别人不知道，除非自己不去做。指犯法干坏事总会有人知道。

◎若知牢狱苦，便发菩提心。

【释义】菩提（pútí）：佛教用语，指觉悟的境界。指如果知道监牢生活痛苦，就会早发善心，不干违法害人的事情了。

◎赏不间亲疏，罚须分善恶。

【释义】间（jiàn）：间隔，引申为区分。指奖赏不分亲近与疏远，惩罚须分清好人与坏人。

◎ 赏不论冤仇，罚不论骨肉。

【释义】骨肉：指近亲。指不管是冤家对头还是至亲骨肉，该奖赏的要奖赏，该惩罚的要惩罚。

◎ 赏不在丰，就怕不明；罚不在重，就怕不当。

【释义】说明奖赏丰厚与否并不重要，关键是行赏要分明；惩罚轻重无所谓，担心的是处罚不恰当。

◎ 赏罚不明，百事不成；赏罚若明，四方可行。

【释义】指如赏罚不严明，什么事也办不好；赏罚严明，就到处都能行得通。

◎ 赏以劝善，罚以惩恶。

【释义】劝：鼓励。说明奖赏是用以鼓励好人好事，处罚是用以惩戒坏人坏事。

◎ 赏于无功则众离，罚加无罪则众怒。

【释义】指奖赏没有功劳的人，会导致群众离心；惩罚没有犯罪的人，会引发大家愤怒。

◎ 是法平等，无有高下。

【释义】指在法律面前，人人平等。

◎ 守法日日乐，违法日日愁。

【释义】说明遵纪守法的人天天都无忧无虑，快快乐乐；违法乱纪的人却天天忧愁，担心受到法律的制裁。

◎ 水流千里走河床，为人做事守规章。

【释义】比喻做事情要遵守规章制度。

◎ 天网恢恢，疏而不漏。

【释义】恢恢：宽广的样子。天道像一张宽大的网，看似稀疏，但却不会漏掉任何坏人。

◎ 偷鸡摸狗，自己出丑。

【释义】指偷偷摸摸地干坏事，会使自己丢人献丑。

◎ 尾巴长了，就会被人踩到。

【释义】比喻坏事干多了，终会被人捉住。

◎ 小孩胡闹，是家教不严；大人胡闹，是执法不严。

【释义】说明小孩子瞎胡闹，是由于家长管教不严格引起的；成年人胡作非为，是由于执法不严造成的。

◎ 小节不检点，终要成大患。

【释义】节：节操。指不拘小节、不守规矩的人早晚要闯大祸。

◎ 行车有车道，行船有航道。

【释义】指凡事都有一定的规矩。

◎ 要学溪水顺沟流，莫学朽物水上漂。

【释义】朽物：腐朽无用的东西。比喻要像溪水那样按规矩行进，不要像朽物那样随波逐流。

◎ 一人有罪一人当。

【释义】当：承当。指谁犯下了罪，谁就应该承当罪责。

◎ 用赏贵信，用刑贵正。

【释义】指实行奖赏必须有信用，落到实处；实施刑罚必须有正当理由，正确处理而不冤枉好人。

◎ 有功必赏，有罪必罚。

【释义】指论功行赏，赏罚分明。

◎ 有理不怕上法堂。

【释义】法堂：法庭。说明只要自己有理，就不怕打官司。

◎ 有理不怕先告状。

【释义】指有理的人不用害怕别人的诬告和毁谤。

◎ 鱼逃得过渔网，人逃不过法网。

【释义】比喻人若触犯法律，一定会受到惩罚，逃是逃不掉的。

◎ 知法犯法，罪上加罚。

【释义】指懂得政策法令而故意违反，要加重处罚。告诫人们不要窝藏包庇。

◎ 执法不留情，留情法不容。

【释义】指执行法律要公正无私，不留情面；讲私情是法律所不允许的。

知错改过

◎ 百事不干，百错不犯。

【释义】强调干事的人即使犯了错误也比啥事不干也不犯错误的人强。

◎ 不挨骂，长不大。

【释义】说明青少年不经过严厉的批评教育，就不能茁壮成长。

◎ 成绩不讲跑不了，缺点不讲改不掉。

【释义】指有了成绩，不用说大家也能看得到，但自身的缺点别人不批评指出，自己会很难觉察和改正。

◎ 丑媳妇难免见公婆。

【释义】比喻有缺点、错误，迟早会被人知道。

◎ 刀伤药虽好，不破手为高。

【释义】比喻出了差错，虽有好的补救措施，但还是以尽量不出差错为好。

◎ 低头是水，回头是岸，及时挽救得一半。

【释义】指人到了堕落的边缘，如能及时回头悔过自新，就等于改掉了一半的错误。

◎ 跌了跤会认路，碰了头会知物。

【释义】比喻经过挫折和失败，就会总结出经验，明白道理。

◎ 恶不可积，过不可长。

【释义】恶（è）：很坏的行为。过：过失。指坏人坏事要及时清除，不可让它积累起来；有了过错要及时改正，不能让它滋长。

◎ 放下屠刀，立地成佛。

【释义】立地：立刻。只要放下屠刀，马上就可以成佛。原为佛教禅宗劝人改恶从善的话，后用以比喻干坏事的人停止作恶，决心悔改，很快就能转变为好人。

◎ 凡事只因忙里错。

【释义】指做事忙乱容易出错。

◎ 改错是聪明，瞒错是蠢人。

【释义】指真正聪明的人有错就改，只有愚蠢的人才会掩盖错误，不思悔改。

◎ 盖得住火，藏不住烟。

【释义】做错了事，就像点了火，是不可能包藏住的。告诫人们，知错要改，不应该掩饰。

◎ 盖子不能捂，短处不能护。

【释义】喻指要正确认识自己的缺点，不要护短。

◎ 敢于正视错误，等于改了一半。

【释义】说明犯了错误以后，要敢于承认并正确对待错误。

◎ 公开认错心灵美。

【释义】公开承认自己的错误，能够体现出内心的美好。

◎ 瓜无滚圆，人无十全。

【释义】比喻人不可能十全十美。

◎ 过而能改，善莫大焉。

【释义】指人能及时知错而改，是最好不过的事情。

◎ 好马也有失蹄时。

【释义】比喻本领高强的人也难免做事失误，出现差错。

◎ 荷花包不住菱角，缺点瞒不过众人。

【释义】喻指缺点是掩盖不住的。

◎ 悔过容易改过难。

【释义】说明承认、悔恨自己的错误并不困难，但要改正错误却不那么容易。

◎ 会怪怪自己，不会怪怪别人。

【释义】告诫人们，遇事应多做自我批评，不要埋怨别人。

◎ 火灾要在发生时扑灭，缺点要在发现时改掉。

【释义】比喻改正过错要及时，以免发展下去会更加严重。

◎ 挤疮不留脓，免受二回痛。

【释义】比喻纠正陋习或改正错误应完全彻底，以免日后再犯。

◎ 金无足赤，人无完人。

【释义】足赤：足金；成色十足的金子。比喻世界上没有十全十美、完美无缺的人。

◎ 救人是英雄，认错是好汉。

【释义】说明能救人于苦难之中是英雄行为，敢于承认自己所犯的错误同样也是好样的。

◎ 脸丑怪不着镜子歪。

【释义】比喻自身有缺点不应责怪别人。也指自己有错误，不要强调客观原因。

◎ 驴不知自丑，猴不嫌脸瘦。

【释义】比喻人往往认识不到自己的缺点和毛病。

◎ 马有漏蹄，人有失脚。

【释义】漏蹄：失蹄。指人做事不可能万无一失，难免有出错的时候。

◎ 马有失蹄，人有失言。

【释义】失言：无意中说出不该说的话。指人难免说错话。

◎ 慢走跌不倒，小心错不了。

【释义】跌（diē）：摔倒。比喻小心谨慎才不会出差错。

◎ 忙中有错，私中有过。

【释义】过：过失。忙乱中容易出差错，私心重容易犯错误。

◎ 忙中有过，急中有错。

【释义】说明人在忙乱和情急之中往往会出差错。

◎ 没有拉不直的绳，没有改不了的错。

【释义】说明任何错误都是可以改正的。

◎ 迷途知返，尚不为晚。

【释义】误入迷途后只要知道回头还不算晚。说明有错误改了就好。

◎ 牛不知角弯，马不知脸长。

【释义】比喻人往往看不到自己的缺点和短处，缺乏自知之明。

◎ 人不能全，轮不能圆。

【释义】人不可能十全十美，车轮也不可能绝对的圆。比喻人总是会有缺点错误，不可能十全十美。

◎ 人非圣贤，孰能无过。

【释义】圣贤：圣人和贤人，泛指品德最高尚、智慧最高超的人。孰（shú）：谁。过：过失。人毕竟不是圣贤，谁能没有过错？指人难免会犯错误。

◎ 人皆有过，改之为贵。

【释义】过：过失。指人难免犯错误，勇于改正是最为可贵的。

◎ 山上没有无弯树，世上没有完美人。

【释义】就像山上找不到没有弯曲的树一样，世界上也找不到完美无缺的人。强调人都会有缺点，不可能十全十美。

◎ 圣人也有三分错。

【释义】比喻再高明的人也难免会犯错误。

◎ 事后才知事前错，年老方觉少年非。

【释义】方：方才；才。事情过去了才知道错在何处，年纪大了才明白年轻时犯的错误。说明有的人对事情的错与对、是与非，往往在事后才真正明白。

◎ 受到表扬不要笑，挨了批评不要跳。

【释义】指要正确地对待表扬和批评。

◎ 天上下雨地下滑，自己跌倒自己爬。

【释义】跌（diē）：摔倒。比喻自己的问题要靠自己去解决。也指自己犯了错误要自己去改正。

◎ 万事皆从急中错。

【释义】指办任何事情急躁冒失都容易出错。

◎ 网好鱼篓破，好人也有过。

【释义】过：过失。比喻品质再好的人也难免有过失。

◎ 为人不怕错，就怕不改过。

【释义】指人不怕犯错误，就怕有了错误不改正。劝人要知错改错。

◎ 无意犯错叫作过，有心犯错叫作恶。

【释义】恶（è）：很坏的行为。指无意之中犯的错误是一种过失，存心犯的错误就是一种罪恶。

◎ 小错不纠，大错难收。

【释义】指出现小的毛病如不及时纠正，发展下去就不可收拾。

◎ 小错护短，大错不远。

【释义】指庇护小的错误，发展下去很快就会出现大的错误。

◎ 一不过二，二不过三。

【释义】指人不能一而再、再而三地犯同样的错误。也泛指事不过三。

◎ 一步走错，百步难回。

【释义】指关键的一步走错了，就很难挽回。

◎ 一失足成千古恨，回头已是百年身。

【释义】比喻一旦堕落或犯了严重错误，就会遗恨终生，即使想改正也来不及了。

◎ 鱼怕水浅，人怕护短。

【释义】护短：为自己（或与自己有关的人）的缺点或过失辩护。指为自己的缺点或过失辩护的人，很难取得进步。

◎ 在哪儿摔跤，就在哪儿爬起来。

【释义】比喻在哪一方面犯了错误，就要从哪一方面改正。

◎ 知错改错不算错，知错不改错中错。

【释义】说明知道自己犯了错误能加以改正，就不算是有错误；如果明知自己有错误而不思悔改，则是错上加错。

◎ 知过必改，便是圣贤。

【释义】过：过失。说明认识到错误并决心改正，就是品行高尚的人。

◎ 纸包不住火，人包不住错。

【释义】比喻错误是隐瞒不住的。

◎ 智者千虑，必有一失。

【释义】智者：聪明人。虑：思考；谋划。失：失误。指即使是聪明人反复考虑，也难免偶有失误之处。

勇敢胆识

◎ 百个懦夫百回头，一个勇士照样走。

【释义】懦（nuò）夫：软弱无能的人。勇士：有力气有胆量的人。说明懦夫个个知难而退，只有勇士才会勇往直前，百折不回。

◎ 暴风吹不倒昆仑山，困难吓不倒英雄汉。

【释义】昆仑：山名，在新疆、西藏和青海。风再大也不能把昆仑山吹倒，困难再大也不会把英雄好汉吓倒。

◎ 不担三分险，难练一身胆。

【释义】担（dān）：担负；承当。指要想练就过人的胆识，必须冒些风险。

◎ 不入惊人浪，难逢得意鱼。

【释义】比喻不冒风险就不会有令人满意的收获。

◎ 常在山中走，不怕虎狼凶。

【释义】比喻经常处于危险境地的人，自有对付险境的本领。

◎ 赤脚的不怕穿鞋的。

【释义】比喻一无所有的人遇事毫无顾忌。

◎ 初生牛犊不怕虎。

【释义】牛犊（dú）：小牛。比喻阅历不深的年轻人敢想敢干，无所畏惧。

◎ 从来好事多风险，自古瓜儿苦后甜。

【释义】说明要想成就一番事业就要不畏风险。

◎ 打猎的不怕虎豹豺狼，打鱼的不怕狂风巨浪。

【释义】比喻久经锻炼的人，不怕任何艰难险阻。

◎ 大丈夫顶天立地。

【释义】指有志气、有作为的男子汉堂堂正正，气概雄伟豪迈。

◎ 大丈夫见义勇为。

【释义】大丈夫：有志气或有作为的男子。指大丈夫看到符合正义的事，要挺身而出，勇敢地去做。

◎ 大丈夫能屈能伸。

【释义】指有志气、有作为的男子在逆境中能忍受屈辱，在顺境中能施展抱负。

◎ 胆大骑龙骑虎，胆小骑猫屁股。

【释义】比喻胆子大的人能成就大事，胆小怕事的人不会有出息。

◎ 胆大如斗，心细如发。

【释义】斗（dǒu）：旧时量粮食的器具。发：头发。比喻胆大心细，有勇有谋。

◎ 胆大天下去得，小心寸步难行。

【释义】指胆子大的人可以走南闯北，勇往直前；过分谨小慎微的人迈不开步子，一事无成。

◎ 胆量是斗出来的，志气是逼出来的。

【释义】指人的胆量和志气是在来自周围环境的压力之下磨炼出来的。

◎ 胆小做不得将军。

【释义】指胆小的人不能领兵打仗。

◎ 风吹不动泰山，雨打不弯青松。

【释义】泰山：常用来比喻敬仰的人和重大的、有价值的事物。比喻意志坚强的人经得起任何艰难困苦的考验。

◎ 风浪试舵手，困难识英雄。

【释义】指在艰难困苦的环境中最能显示英雄的本色。

◎ 风险里出英雄，海浪里见好汉。

【释义】指英雄好汉是在艰险恶劣的环境中锻炼出来的。

◎ 逢山开路，遇水搭桥。

【释义】比喻应想方设法克服和战胜困难，在困难面前毫不退缩。

◎ 敢上南天门，就能摘星星。

【释义】南天门：泰山最顶端的一个险隘。比喻有了敢想敢闯的精神，就可以创造出奇迹来。

◎ 敢在高山住，不怕狼和虎。

【释义】喻指做事的决心已下，就无所畏惧，再大的困难也不会阻挡前进的道路。

◎ 敢在江上住，不怕浪淘沙。

【释义】比喻下定决心做某件事就会无所畏惧。

◎ 敢走夜路就不怕黑。

【释义】比喻既然敢干，面对困难就无所畏惧。

◎ 钢铁要在烈火中锻炼，英雄要在困境中摔打。

【释义】指英雄好汉离不开艰苦环境的磨炼。

◎ 高山挡不住太阳，困难吓不倒硬汉。

【释义】指英雄好汉不会被困难吓倒。

◎ 好汉做事好汉当。

【释义】指英雄好汉敢作敢为，勇于承担责任。

◎ 虎不怕山高，鱼不怕水深。

【释义】比喻对自己经历得多的事物，就会习以为常，无所畏惧。

◎ 经不起风吹浪打，算不得英雄好汉。

【释义】指经不起困难和挫折的人，不是真正的英雄好汉。

◎ 经一番挫折，长一番见识。

【释义】指人会在挫折和失败中，接受教训，增长见识。

◎ 来者不惧，惧者不来。

【释义】惧（jù）：恐惧；害怕。指来了就不怕，怕了就不敢来。也指敢于前来找麻烦的人总有几分胆量，不要掉以轻心。

◎ 力是压大的，胆是吓大的。

【释义】指人的力气和胆量是锻炼出来的。

◎ 没有打虎艺，不敢上山冈；没有擒龙手，怎敢下海洋。

【释义】擒（qín）：捉拿。比喻没有过硬的本领就不敢冒风险去干一番事业。

◎ 没有老虎胆，不敢进深山。

【释义】比喻没有雄心和胆量干不成大事业。

◎ 没有天大的胆，做不了天大的事。

【释义】说明胆量大的人才能干大事。

◎ 能担三分险，练就一身胆。

【释义】说明能经受风险的人方可锻炼自己的胆量。

◎ 宁为玉碎，不为瓦全。

【释义】宁愿做玉器而被打碎，也不做瓦器而得以保全。比喻宁愿为正义而死，也不愿屈辱苟活。

◎ 宁愿洁身而死，不愿污身而生。

【释义】宁愿带着好的名声去死，也不愿带着坏的名誉活着。

◎ 宁愿折断骨头，不愿低头受辱。

【释义】指士可杀不可辱，被无端欺辱是人生的最大痛苦。

◎ 怕刺的人，摘不到红玫瑰。

【释义】比喻胆小怕事的人不可能取得成功。

◎ 怕见老虎，喂不得猪。

【释义】比喻胆小怕事，就什么事也办不成。

◎ 怕跌学不会走路，怕噎吃不饱肚。

【释义】跌（diē）：摔。噎（yē）：被食物堵住食管。比喻怕这怕那，过分小心，就什么事也办不成。

◎ 怕虎莫在山上住。

【释义】比喻顾虑太多，怕担风险，就什么事也不要去做。

◎ 怕小河过不了大江。

【释义】比喻遇到一点困难就畏缩不前，就无法战胜更大的困难，取得更大的胜利。

◎ 怕虎不上山，怕龙不下滩。

【释义】比喻惧怕困难，不敢拼搏的人办不成大事。

◎ 怕走崎岖路，莫想攀高峰。

【释义】崎岖（qíqū）：形容山路不平。比喻害怕吃苦，知难而退，就不会取得突出的成绩。

◎ 跑马不怕山，行船莫怕滩。

【释义】比喻做事要知难而进，不害怕任何艰难险阻。

◎ 匹夫舍命，勇将难敌。

【释义】匹夫：泛指平常人。指一个人如果豁出去拼命，即使是勇将也难以抵挡。

◎ 骑牛不怕牛身大，骑马不怕马头高。

【释义】比喻要想制伏对方，就不要畏惧对方的强大气势。

◎ 气壮不怕天塌，胆大不怕鬼来。

【释义】指气壮胆大的人，敢于面对任何艰险。

◎ 前怕狼，后怕虎，一生一世白辛苦。

【释义】说明胆小怕事、畏首畏尾、犹豫不决的人一辈子也不会有出息。

◎ 任凭风浪起，稳坐钓鱼船。

【释义】比喻处境再险恶也能镇定自若。

◎ 擒龙要下海，打虎要上山。

【释义】擒（qín）：捉拿。比喻要想干一番事业，就要不怕困难，知难而进。

◎ 弱敌不可轻，劲敌不可畏。

【释义】劲敌：强有力的敌人或对手。不要轻视弱小的敌人，也不要畏惧强大的对手。

◎ 撒网要撒迎头网，开船要开顶风船。

【释义】比喻做事要具有勇敢无畏、知难而上的拼搏精神。

◎ 山高有攀头，路远有奔头。

【释义】比喻难度越高、困难越大，干起来越有劲，越能锻炼人。

◎ 山高自有行路客，水深自有渡船人。

【释义】指不管有多么大的困难，都有人去克服。

◎ 上山不怕虎伤人，下海不怕龙卷身。

【释义】比喻要想干一番事业就要不畏艰险，勇于进取。

◎ 舍得一身剐，敢把皇帝拉下马。

【释义】剐（guǎ）：割肉离骨，封建时代的凌迟刑。指只要拼命不怕死，再难再大的事也敢干。比喻不畏强暴、不怕牺牲的大无畏精神。

◎ 身经百战成勇士。

【释义】指经历过多次战斗的洗礼或斗争的考验，就能成为一个勇敢坚强的人。

◎ 士可杀而不可辱。

【释义】士：士人；读书人。宁可被杀也不愿受侮辱。指人应有宁死不屈的气节。

◎ 事到万难须放胆。

【释义】指事情到了非常难办的境地时，必须大胆去闯才会有转机。

◎ 天不怕，地不怕，老虎屁股也敢摸一下。

【释义】比喻胆量大，无所畏惧。

◎ 先下手为强，后下手遭殃。

【释义】指在双方争斗中，先发制人的能成为强者，行动迟缓的便会被动、吃亏。

◎ 行不更名，坐不改姓。

【释义】比喻为人正大光明，无所畏惧，敢作敢为。

◎ 要当铁疙瘩，不当豆腐渣。

【释义】比喻为人要做铁骨铮铮的硬汉，不做软弱无能的懦夫。

◎ 要想吃蜜糖，别怕蜂叮咬。

【释义】指人要想干成事，必须敢于承担风险。

◎ 要想炼成钢，不怕进熔炉。

【释义】熔炉：熔炼金属的炉子。比喻要想成为坚强的人，就要敢于投身到艰苦的环境中去锻炼。

◎ 一分胆量一分福，一分胆量一分财。

【释义】指如果想赚钱过好日子，就必须有敢冒风险的胆量。

◎ 一人拼命，万夫难当。

【释义】夫：泛指成年男子。当（dāng）：阻挡；抵挡。指一个人如果敢于拼命，人再多也抵挡不住。

◎ 英雄不怕死，怕死非英雄。

【释义】说明英雄好汉决不贪生怕死。

◎ 英雄不怕战，只怕暗中箭。

【释义】指英雄好汉不怕面对面的厮杀搏斗，只怕被人暗中伤害。

◎ 英雄斗智，匹夫斗勇。

【释义】匹夫：此指无学识、无智谋的人。指英雄争斗凭的是智谋，匹夫争斗凭的是勇敢。

◎ 英雄流血不流泪。

【释义】指英雄好汉在生死关头宁可流血牺牲，也不伤心落泪。

◎ 英雄生于四野，好汉长在八方。

【释义】四野：广阔的原野。八方：泛指周围各地。指天下到处都有英雄好汉。

◎ 有胆识骏马，无畏护良才。

【释义】指领导者有胆有识，无私无畏，就会举荐和爱护优秀人才。

◎ 有勇无谋，一事无成。

【释义】光有勇气而缺乏谋略就什么事也办不成。强调要获得成功必须智勇双全。

勤劳节俭

◎ 岸上学不好游泳，嘴里说不出庄稼。

【释义】 比喻任何事情都需要经过实践才能办成，光说是没用的。说明有耕耘才会有收获。

◎ 不播种收不到五谷，不劳动享不到幸福。

【释义】 播种（bōzhǒng）：播撒种子。五谷：一般指稻、黍、稷、麦、豆，泛指粮食作物。说明幸福生活是劳动创造的。

◎ 不动扫帚地不光，不动锅铲饭不香。

【释义】 比喻不付出劳动就享受不到劳动成果。

◎ 不怕笨，就怕困。

【释义】 困：方言，睡。指人笨一点不要紧，可怕的是爱睡懒觉，不思进取。

◎ 不怕笨，就怕混。

【释义】 指人笨一点不要紧，怕的是只想混日子，不思进取。

◎ 不怕家里穷，只怕出懒虫。

【释义】 懒虫：喻指懒惰的人。指家境贫穷并不可怕，可怕的是家里出了懒汉。

◎ 不怕路远，只怕人懒。

【释义】 路虽远，不停地走，也可以到达目的地；懒惰不动，则永远到达不了目的地。

◎ 不怕“难”字挡道，就怕“懒”字缠身。

【释义】 指有了困难并不可怕，可怕的是沾染上懒惰的习气。

◎ 馋人家里没饭吃，懒人家里没柴烧。

【释义】 馋、懒是人性中的弱点，如果不加以克服，就会造成不良后果。

◎ 出多少汗，吃多少饭。

【释义】 指付出多少劳动，就会得到多少收获。

◎ 锄头能壮筋骨，汗水能治百病。

【释义】 指参加体力劳动能增强体质，预防某些疾病。

◎ 春天懒一懒，秋天干瞪眼。

【释义】指春天偷懒，误了农时，秋收就没有指望。

◎ 春夏不晒背，秋冬要后悔。

【释义】晒背：这里指顶着太阳在地里劳作。指春夏之时不好好干活，秋天没有收成，冬天缺粮，那时就会后悔莫及。

◎ 凑针打把斧，凑纱织成布。

【释义】比喻积少成多，积小成大。

◎ 打不干的泉水，使不完的力气。

【释义】打：舀取。说明人的力气是用不完的，就像泉水舀不干一样。

◎ 大吃大喝一时香，细水长流日子长。

【释义】指居家过日子不可挥霍浪费，只顾一时；要勤俭节约，才能细水长流。

◎ 道虽近，不行不至；事虽小，不做不成。

【释义】比喻再简单的事情不去做总是无法完成的。

◎ 地是刮金板，人勤地不懒。

【释义】比喻土地是一宝，人勤快了就会使农作物增产。

◎ 冬不节约春要愁，夏不劳动秋无收。

【释义】指一年到头既要勤俭节约，又要勤奋劳动，这样才能做到粮食丰收，吃喝不愁。

◎ 动手成功，伸手落空。

【释义】自己动手，总会成功；伸手乞求，往往落空。说明凡事要自己动手，不要乞求别人。

◎ 冻的是闲人，饿的是懒人。

【释义】指那些挨饿受冻的人往往是游手好闲的懒汉。

◎ 饿得死懒汉，饿不死穷汉。

【释义】说明懒人不干活，生活就无着落；穷人肯劳动，生活就有保障。

◎ 丰年莫忘歉年苦，饱时莫忘饥时难。

【释义】丰年：农作物丰收的年头。歉年：收成不好的年头。指生活富裕了，不要忘记过去的苦难。告诫人们要勤俭节约过日子。

◎ 丰年要当歉年过,遇到歉年不挨饿。

【释义】指粮食丰收的富裕日子也要注意节俭,这样即使到了收成不好的年头也还有余粮可吃。

◎ 富贵本无根，尽从勤里得。

【释义】指富贵不是与生俱来的，是在辛勤的劳动中创造出来的。

◎ 功成由俭，业精于勤。

【释义】指俭朴能使事业成功，勤奋能使学业精通。

◎ 寒天不冻勤织女，饥荒不饿苦耕人。

【释义】指勤劳的人在恶劣的环境中也不会挨饿受冻。

◎ 好话说千遍，不如亲手干。

【释义】说明好听的话说得再多，也不如亲自去实践。

◎ 好马不停蹄，好牛不停犁。

【释义】比喻勤奋上进的人在前进的道路上会永不停步。

◎ 黄金本无种，出自勤俭家。

【释义】指金钱财富是靠勤俭节约积累而获得的。

◎ 节约好比燕衔泥，浪费如同河决堤。

【释义】说明节约是靠点点滴滴积累起来的，非常不容易；一旦奢侈浪费，再多的钱财也会很快花光用光。告诫人们要勤俭节约。

◎ 节约节约，积少成多，一滴两滴，汇成江河。

【释义】指节约可以积累财富，使财富在不知不觉之中慢慢增加。

◎ 近水不可枉用水，近山不可枉烧柴。

【释义】枉（wǎng）：白白地；徒然。指资源十分丰富的地方也不可浪费资源。

◎ 精打细算，有吃有穿。

【释义】指生活中要精打细算，才能吃穿不愁。

◎ 镜子不擦起灰尘，人不勤劳成废人。

【释义】指人不劳动就会成为无用的人。

◎ 困难九十九，难不倒两只手。

【释义】九十九：概数，表示多。比喻困难再多，只要动手去干，就一定能克服。

◎ 懒惰一时，损失一生。

【释义】人一生的时间是有限的，懒惰所丧失的时间，永远也找不回来。告诫人们应珍惜时间，不要懒惰。

◎ 懒汉老开口，勤人不离手。

【释义】懒惰的人，总是动嘴支使别人；勤快的人，总是亲自动手去做。

◎ 懒汉一伸腰，勤汉走三遭。

【释义】遭：回；次。说明懒人伸懒腰的工夫，勤快人就已经干了很多活。

◎ 劳动是幸福的右手，节约是幸福的左手。

【释义】指勤劳和节俭是创造幸福不可缺少的条件。

◎ 理家千条计，勤俭数第一。

【释义】指料理家务的办法很多，首要的是勤俭节约。

◎ 历览前贤国与家，成由勤俭破由奢。

【释义】奢（shē）：奢侈，花费钱财过多，享受过分。说明事业、家庭乃至国家的兴衰成败，都与勤俭有关系。只有勤俭才能使国家兴盛，家庭富裕，事业有成。

◎ 路是人开的，树是人栽的。

【释义】比喻事在人为，劳动创造一切。

◎ 莫生懒惰意，休起怠荒心。

【释义】怠（dài）：懒惰；松懈。指做人不要懒惰，做事不要懈怠。

◎ 男也懒，女也懒，下雨落雪翻白眼。

【释义】翻白眼：黑眼珠偏斜，露出较多的眼白，是心中为难、失望或不满的表情。形容懒人之家遇到意外，生活无着落时的窘相。

◎ 男也勤，女也勤，麦似黄金棉如银。

【释义】指人人勤劳，就可以取得粮棉丰收，家庭过上富裕生活。

◎ 男也勤，女也勤，一日三餐不求人。

【释义】指勤劳之家在生活方面能自食其力，不依赖别人。

◎ 年年有储存，荒年不愁人。

【释义】指平时注意节俭，积攒钱粮，遇到灾荒的年头就不愁吃穿。

◎ 娘勤女不懒，爹懒子好闲。

【释义】好闲（hàoxián）：喜欢安闲舒适。指父母是否爱劳动对子女的影响很大。

◎ 鸟美在羽毛，人美在勤劳。

【释义】比喻勤劳是人的美德。

◎ 宁可自食其力，不可坐吃山空。

【释义】指人要用自己的劳动来养活自己；不从事生产劳动，即使财物堆积如山，也会吃光用光。强调人从事生产劳动的重要性。

◎ 宁做辛勤的蜜蜂，不做悠闲的知了。

【释义】知了：蝉，因其叫声像“知了”而得名。告诫人们要像蜜蜂那样辛勤劳动，采花酿蜜；不要像知了那样悠然自得，一事无成。

◎ 贫不学俭，富不学奢。

【释义】俭：俭省。说明贫穷的人往往不用学就知道如何俭省节约，富有的人往往不用学就知道怎样挥霍奢侈。

◎ 平时有储存，用时不求人。

【释义】平时家里有些积蓄，到需要时就用不着求别人帮助。

◎ 勤耕苦做样样有，好吃懒做样样无。

【释义】指只要辛勤劳动就可以丰衣足食，样样不缺；好吃懒做就会缺衣少食，一无所有。

◎ 勤俭不受穷，坐吃山也空。

【释义】说明勤俭的人可以不断创造财富，一辈子过好日子；好吃懒做的人，就是一座金山也会吃光用光。

◎ 勤俭好比针挑土，浪费犹如浪淘沙。

【释义】 犹（yóu）：如同。比喻勤劳节俭，积累财富，就像用针挑土一样不易做到；而挥霍浪费就会像浪淘沙一样很容易将钱财花光用光。

◎ 勤俭节约搞得好，挖掉穷根栽富苗。

【释义】 说明勤俭节约是消除贫困、发家致富的根本。

◎ 勤快的人用手，懒惰的人用嘴。

【释义】 说明勤快人和懒人的区别就在于是否动手去做。

◎ 勤乃立身之本，俭用胜求于人。

【释义】 乃：才；才是。说明勤奋是立身的根本，节俭胜过乞求别人。劝人勤劳节俭，凡事靠自己。

◎ 勤能补拙，俭可养廉。

【释义】 拙（zhuō）：笨；笨拙。廉：廉洁。指勤快能弥补笨拙带来的不足，节俭有助于廉洁风气的形成。

◎ 勤勤快快粮满仓，大手大脚仓底光。

【释义】 指勤勤快快，粮食吃不完；挥霍浪费，会坐吃山空。

◎ 勤人登山易，懒人伸指难。

【释义】 勤劳的人再难办的事都感到容易办，懒惰的人再容易办的事都觉得难办。

◎ 勤人嫌日短，懒人想夜长。

【释义】 嫌：嫌怨；责怪。勤快人希望多干活，所以嫌白天时间短；懒人希望多睡觉，所以希望夜间长。

◎ 勤是摇钱树，俭是聚宝盆。

【释义】 比喻勤劳和节俭是发家致富的两大法宝。

◎ 人不可有的是病，人不可无的是勤。

【释义】 指人要有健康的身体和勤劳的双手，这是生活幸福不可缺少的条件。

◎ 人勤地出宝，人懒地长草。

【释义】勤快人的田里多打粮食，懒人的地里长满杂草。说明要想土地增产，就要勤快。

◎ 人生不由命，幸福靠勤奋。

【释义】说明人生道路不是命中注定，幸福生活要靠辛勤劳动去创造。

◎ 人生天地间，劳动最当先。

【释义】说明人生在世，劳动是最重要的。

◎ 人越困越懒，嘴越吃越馋。

【释义】困：方言，睡。劝人不要一味贪图享受。

◎ 若要穷，天天睡到日头红；若要富，鸡叫三遍离床铺。

【释义】日头：太阳。指懒惰贪睡的人要受穷，黎明即起的人会变富。

◎ 若要生活好，勤劳、节俭、储蓄三件宝。

【释义】指人们只有辛勤劳动、勤俭节约、增加储蓄，才能使生活永远幸福美好。

◎ 省吃餐餐有，省穿日日新。

【释义】指平时省吃俭用，注意节约，就会有吃有穿，过上好日子。

◎ 石闲生苔，人闲生病。

【释义】苔：青苔，常贴附在阴湿的地方生长。指石头长期不去搬动就会长青苔，人长时间懒散清闲就会生病。比喻懒人病多。

◎ 说一千，道一万，两横一竖就靠干。

【释义】指话说得再多也不起任何作用，只有依靠实干才能做出成绩。

◎ 桃花要靠东风开，幸福要靠劳动来。

【释义】东风：春风。指要想获得幸福就必须劳动。

◎ 天寒不冻织女手，饥荒不饿苦耕人。

【释义】喻指只要肯辛勤劳动，不管天寒地冻、饥荒年景，人们照样可以吃饱穿暖。

◎ 天晴云高，人勤寿高。

【释义】说明勤劳的人长寿。

◎ 土里藏珍珠，劳动得幸福。

【释义】指土地大有潜力可挖，人们只要勤耕作就可以从中得到财富，过上幸福生活。

◎ 腿脚勤，不受贫。

【释义】指腿脚勤快一些，就会多创造财富，生活就会好起来。

◎ 惜衣有衣穿，惜食有饭吃。

【释义】惜：爱惜。爱惜衣服才有穿的，爱惜粮食才有吃的。告诫人们只有省吃俭用才能有吃有穿。

◎ 细雨落成河，粒米积成箩。

【释义】箩：箩筐，用以盛粮食、蔬菜等。比喻积少成多。

◎ 笑脏笑破不笑补，笑馋笑懒不笑苦。

【释义】衣服有补丁不要紧，肮脏才会惹人笑话；生活苦一些不要紧，又懒又馋才会惹人笑话。

◎ 心要常操，身要常劳。

【释义】说明多动脑筋，会使人变得聪明能干；多参加劳动，会使人长得健壮结实。

◎ 新三年，旧三年，缝缝补补又三年。

【释义】一件衣服穿几年变旧了还可以穿几年，破了补一补又可以再穿几年。劝人生活要节俭。

◎ 行船靠掌舵，理家靠节约。

【释义】指料理家务要俭省节约。

◎ 要饱家常饭，要暖粗布衣。

【释义】指家常便饭能吃饱肚子，粗布衣服穿起来暖和。劝人生活要俭朴。

◎ 要吃鲜鱼先织网，要吃白米先插秧。

【释义】比喻要想获得某种东西，必须先付出劳动。

◎ 要想日子甜，家无一人闲。

【释义】指要想日子过得美满幸福，人人都得辛勤劳动。

◎ 一分懒惰一分呆，一分辛苦一分才。

【释义】指懒惰可使人变得呆笨，勤劳刻苦能增进人的才智。

◎ 一根红线拴俩花，勤俭节约不分家。

【释义】说明勤俭节约缺一不可，都很重要。

◎ 一颗红心两只手，自力更生样样有。

【释义】指靠自己的思想觉悟和勤劳的双手，自力更生，艰苦奋斗，可以丰衣足食。

◎ 一懒生百邪。

【释义】邪（xié）：不正当。懒惰的危害性很大，能够使人作出各种邪恶的事情。

◎ 一年之计在于春，一生之计在于勤。

【释义】一年的计划，在一年之初就要安排好；人生的理想，要不断地努力才能实现。

◎ 一勤生百巧，一懒生百病。

【释义】指勤劳能使人掌握各种技巧，懒惰会使人滋生各种毛病。

◎ 一勤天下无难事。

【释义】说明只要勤奋努力，什么困难都可克服，什么事情也能办到。

◎ 一勤遮百丑。

【释义】指人只要勤劳，其他的缺点可以忽略不计。强调勤劳是最可贵的品质。

◎ 一人两只手，吃穿不发愁。

【释义】指人有一双勤劳的手，就可以不愁吃穿。

◎ 一丝一粟，来之不易。

【释义】粟（sù）：谷子。说明一根丝线、一粒小米都是用汗水换来的，应当珍惜。

◎ 由俭入奢易，由奢入俭难。

【释义】指由节俭变得奢侈很容易，而由奢侈变得节俭却很难。

勤奋刻苦

◎ 熬过冬天就是春。

【释义】熬（áo）：艰难度过。比喻只要挺过最艰难的时候，就会迎来美好的时光。

◎ 百尺竿头，更进一步。

【释义】百尺竿头：百尺高的竿子。原意是说修行达到最高境界，再进一步才能成正果。后借指学问、成绩达到了很高的程度后仍继续努力。

◎ 被雨淋过的人不怕露水。

【释义】指经过风雨洗礼的人不会在困难面前退缩。

◎ 笨鸟早入林，笨人先起身。

【释义】比喻能力差的人要比别人更加勤奋。

◎ 笨鸟展翅飞，总有飞到时。

【释义】比喻笨拙的人只要肯努力，总会有所作为。

◎ 笔勤能使手快，多练能使手巧。

【释义】指文章要写得又快又好，必须勤学苦练。

◎ 别人向前跑，我就插翅飞。

【释义】说明为人争强好胜，敢为人先，总想赶超别人。

◎ 补漏趁天晴，读书趁年轻。

【释义】比喻年轻人要珍惜青春年华，好好读书学习，积累知识。

◎ 不吃饭则饥，不读书则愚。

【释义】不吃饭就会感到饥饿，不读书就会愚昧无知。告诫人们要好好读书学习，否则就会变得愚昧无知。

◎ 不吃苦中苦，哪知甜中甜。

【释义】比喻不经过艰苦的磨炼就不懂得什么叫幸福。强调幸福生活来之不易。

◎ 不吃苦中苦，难得惊人艺。

【释义】指如果不刻苦学习钻研，就不会掌握超乎寻常的技艺。

◎ 不登高山，不知天高；不入深谷，不知地厚。

【释义】比喻不身临其境，就不能深刻认识事物的本质特征。

◎ 不顶千里浪，哪来万斤鱼。

【释义】比喻不经过艰苦的努力，就不会取得丰硕的成果。

◎ 不喝几口海水，练不成好水手。

【释义】比喻不经过挫折与失败的考验，就不会成为某一方面的佼佼者。

◎ 不见不识，不做不会。

【释义】只有亲自去看才能获得感性认识，只有亲手去做才会真正掌握本领。

◎ 不将辛苦意，难近世间财。

【释义】将：做。指要想有所收获，就要不辞劳苦，肯下工夫。

◎ 不经一番寒彻骨，哪有梅花扑鼻香。

【释义】比喻不经过艰苦的磨炼，就得不到好的成果。

◎ 不经一事，不长一智。

【释义】指没有某一方面的体验，就不能增长某一方面的知识。

◎ 不嚼碎，不知味。

【释义】比喻对知识不反复学习和琢磨，就体会不到其中的真谛。

◎ 不磨不难不成人。

【释义】指不经历磨难成不了有用的人才。

◎ 不怕不懂，就怕装懂。

【释义】不懂并不可怕，可怕的是不懂装懂。

◎ 不怕读书难，就怕不钻研。

【释义】说明只要深入钻研，读书就不会产生困难。

◎ 不怕功夫浅，就怕不苦练。

【释义】说明只要勤学苦练，本领就能学到家。

◎ 不怕练不成，就怕心无恒。

【释义】指不怕一时练不成功，就怕没有恒心。

◎ 不怕山高老虎恶，就怕没吃铁秤砣。

【释义】比喻只要下狠心，就没有克服不了的困难。

◎ 不怕事难办，就怕心不专。

【释义】只要专心致志，再难办的事也能办到。

◎ 不怕学不好，就怕不用脑。

【释义】指善于动脑，勤于思索的人更容易学好。

◎ 不怕学不会，就怕不肯钻。

【释义】指只要下工夫钻研，就没有学不会的。

◎ 不怕正说，只怕倒问。

【释义】不怕正面的阐述，怕的是从反面提出问题。说明学习中多质疑往往能使学到的东西更加深入。

◎ 不攀雪峰采不到雪莲。

【释义】雪莲：草本植物，生长在新疆、青海、西藏、云南等地海拔很高的山上。花可入药。比喻不深入刻苦地钻研，就难以得到真正的学问。

◎ 不探深山采不到人参。

【释义】比喻不深入实践，就无法获取有价值的东西。

◎ 不挑千斤担，哪来铁肩膀。

【释义】比喻不经过艰苦的磨炼，就不会有过硬的本领。

◎ 不听老师指点，学习多绕弯弯。

【释义】说明学习时不听从老师的指点，就会多走弯路，事倍功半。

◎ 不下汪洋海，难得夜明珠。

【释义】汪洋：形容水势浩大的样子。比喻不经历艰险，就难以获得宝贵的东西。

◎ 不信神，不信鬼，全靠自己的胳膊腿。

【释义】告诫人们不要信神信鬼，要靠自己的努力。

◎ 不行万里途，哪来铁脚板。

【释义】比喻不经过艰苦的磨炼，就不会有过硬的功夫。

◎ 不学蜗牛爬，要学千里马。

【释义】比喻做事情应该抓紧时间，讲究效率，像千里马一样飞奔，不能慢慢腾腾像蜗牛一样爬行。

◎ 不学无术目光短，勤奋好学前程远。

【释义】没有学问、缺乏能力的人眼光短浅；勤奋读书、好学上进的人前途远大。

◎ 不与寒霜斗，哪来春满园。

【释义】不经过艰苦卓绝的斗争，就不可能取得美满的结果。

◎ 不做温室的花朵，要做暴风中的雄鹰。

【释义】不要像温室的花朵一样娇弱，要像暴风雨中的雄鹰那样坚强。比喻在困难面前要迎难而上，在艰苦的环境中锻炼成长。

◎ 才华是刀刃，辛苦是磨石。

【释义】磨石：磨刀的石头。比喻人的聪明才智是在艰苦的磨炼中获得的。

◎ 常说口里顺，常做手不笨。

【释义】说明熟能生巧的道理。

◎ 吃了黄连，才知药苦。

【释义】比喻只有亲身体验，才会有深刻体会。

◎ 虫蛀木断，水滴石穿。

【释义】比喻只要坚持不懈、持之以恒地做下去，任何事情都可以办到。

◎ 处处留心皆学问。

【释义】指只要随时随地用心观察、分析周围的事物，就可增长知识。

◎ 蠢人嚼舌，智者动脑。

【释义】愚蠢的人爱说闲话，聪明的人爱动脑筋。

◎ 聪明本是苦工夫。

【释义】指聪明才智不是天生的，而是通过艰苦地学习得来的。

◎ 刀不磨不利，人不磨不精。

【释义】说明人要精明必须经过磨炼。

◎ 刀不磨要生锈，人不学要落后。

【释义】比喻人不学习就要落伍、退步。

◎ 刀钝石上磨，人笨要多学。

【释义】比喻脑子不灵活不要紧，只要勤奋好学就行。

◎ 刀在石上磨，人在苦中学。

【释义】指人只有在艰苦的环境中学习，才能得到锻炼和提高。

◎ 刀在石上磨，人在世上练。

【释义】比喻人生在世只有通过磨炼，才能增长才干。

◎ 刀子要快多加钢，知识要深工夫长。

【释义】长（cháng）：久远；长远。比喻要学到渊博的知识必须长期下工夫。

◎ 滴水不间断，能使石头穿。

【释义】比喻只要坚持不懈地努力，就有成功的希望。

◎ 东西越用越少，学问越学越多。

【释义】说明学无止境，越学知识越丰富。

◎ 读不尽的书，走不完的路。

【释义】比喻学无止境，任重道远，永远没有尽头。

◎ 读书不知意，等于啃树皮。

【释义】比喻读书不理解其中的意义，读起来淡而无味，等于不读。

◎ 读书破万卷，下笔如有神。

【释义】破：突破。指书读得多了，写起文章来就会有神来之笔，得心应手。

◎ 读书有三到：心到、眼到、口到。

【释义】指读书要做到全神贯注。

◎ 读书之贵在怀疑，怀疑才能受教益。

【释义】指读书时要善于思考，多加质疑，这样才能真正有所收获。

◎ 读万卷书，行万里路。

【释义】指做学问既要博览群书，又要多走多看，才能见多识广。

◎ 锻炼不刻苦，纸上画老虎。

【释义】强调锻炼要刻苦，才能收到好的效果。

◎ 多锉出快锯，多做长知识。

【释义】锉（cuò）：用锉进行切削的动作，这里指锉锯齿。比喻经常去做，就会在实践中增长知识。

◎ 多看出苗头，多问出来由。

【释义】来由：缘故；原因。多观察，能够发现问题；多询问，可以了解事物的来龙去脉。说明钻研问题的正确方法是多看多问。

◎ 凡事要好，须问三老。

【释义】三老：旧称上寿、中寿、下寿为三老，这里泛指有声望的老人。指遇事向有声望、有经验的老年人请教，事情就容易办好。

◎ 赶路的对头是脚懒，学习的对头是自满。

【释义】说明骄傲自满是学习的大敌。

◎ 赶路只怕站，困难只怕钻。

【释义】喻指只有坚持不懈地刻苦钻研，才能战胜困难。

◎ 钢刀越磨越亮，智慧越积越广。

【释义】说明人的聪明才智是在实践中逐渐积累起来的。

◎ 钢越烧越红，人越干越雄。

【释义】雄：强有力。指人做事越干越有劲。

◎ 钢在火中炼，人在世上磨。

【释义】比喻人要经过反复磨炼才能成才。

◎ 各师傅各传授，各把戏各变手。

【释义】把戏：杂技。变手：变换的手法。各个师傅有各自的传授方法，各种把戏有各自的变法。说明应多学各家之长。

◎ 跟着铁匠会打铁，跟着木匠会拉锯。

【释义】说明跟着什么人就会学到什么人的本事。

◎ 跟着瓦匠睡三天，不会盖房也会搬砖。

【释义】比喻接触某种人就会受某种人的影响，学到某种人的本领。

◎ 工多出巧艺。

【释义】指费工夫越多，工艺就会越精巧细致。

◎ 功夫不负苦心人。

【释义】负：辜负；亏待。指只要肯动脑筋下工夫，就会取得成功。

◎ 功夫不饶人，功夫不亏人。

【释义】饶（ráo）：饶恕；宽容。指下了多少工夫，就会有多少收获。

◎ 功夫到了家，石头也开花。

【释义】比喻只要肯下工夫，奇迹就会出现，没有办不到的事情。

◎ 功夫练得好，一年三百六十早。

【释义】指天天早起练功，才能练出好功夫。

◎ 功夫练就不误人，随处可以展身手。

【释义】学会了本领对人没有害处，需要的时候随时可以施展。

◎ 谷要自长，人要自强。

【释义】比喻自己奋发向上才会有出息。

◎ 好刀常在石上磨，好苗要迎风雨长。

【释义】比喻有志的青年要经风雨，见世面，在磨炼中茁壮成长。

◎ 好钢要经三回炉，好书要经百回读。

【释义】好钢要多次冶炼，好书要反复阅读。强调一本好书需要反复研读才能真正读懂。比喻好书内容博大精深，使人百读不厌。

◎ 好记性不如烂笔头。

【释义】记忆力再强，也不如用笔记下来牢靠。指应勤于用笔记下应记住的东西，否则容易遗忘。

◎ 好马不怕路不平。

【释义】比喻本领高强的人不会惧怕前进中遇到的困难。

◎ 好马是骑出来的，才干是练出来的。

【释义】马之所以能成为好马，人之所以具有才干，都离不开实践的锻炼，都是在实干中练出来的。

◎ 好书即良友，须臾不可丢。

【释义】即：就是。须臾（xūyú）：极短的时间；片刻。指好书像良师益友一样，要时时相伴，不可丢弃。

◎ 好铁不打不成钢。

【释义】打：锤锻。比喻即使是禀赋优异的人，不经磨炼也难以成材。

◎ 好学好问，什么都能学会；害羞不问，总有一天掉队。

【释义】好（hào）：喜爱。强调勤学勤问，能使人学有所获；羞于启齿，不肯问人，会使自己落后于人。

◎ 好学之人如禾稻，不学之人如蒿草。

【释义】蒿（hāo）草：这里指杂草。形容努力学习的人像禾稻一样有价值，不学习的人像杂草一样没有用处。

◎ 花开在春天，读书在少年。

【释义】指少年时期是学习知识的好时光，应抓紧时机，好好读书。

◎ 黄金要纯靠烈火，钢刀锋利要勤磨。

【释义】比喻人要成才必须在艰苦的环境中磨炼自己。

◎ 黄金有价，知识无价。

【释义】说明知识的价值无法用金钱来衡量。

◎ 活到九十九，书本不离手。

【释义】指要活到老学到老，时时不忘读书。

◎ 活到老，学到老，人生七十还学巧。

【释义】指学无止境，只要活着就要学习不止。

◎ 火大没湿柴，工到事不难。

【释义】指工夫做到家了，事情就好办。

◎ 家有黄金用斗量，不如自己本领强。

【释义】说明有再多的钱财都不如自己有高强的本领。

◎ 肩挑担子走得快。

【释义】一个人挑着担子走要比空身的人走得快。比喻重任在肩的人会焕发出旺盛的活力。

◎ 将相本无种，男儿当自强。

【释义】指将相之才本来就不是天生的，好男儿应当奋发图强。

◎ 蛟龙得云雨，终非池中物。

【释义】蛟龙：古代传说中指兴风作浪、能发洪水的龙。比喻本领高强的人一旦时机成熟，便会脱颖而出，施展才华。

◎ 脚板底下出文章。

【释义】说明勤于实践，善于观察，才能写出好文章。

◎ 井淘三遍出好水，人从三师武艺高。

【释义】比喻多请教几位老师，就会使自己本领高强。

◎ 镜不擦不明，脑不用不灵。

【释义】说明人的大脑越用越灵活，强调要勤用脑。

◎ 久练为熟，手熟生巧。

【释义】说明只有经常练习，才能由熟生巧。

◎ 开弓没有回头箭。

【释义】比喻事情一旦开始做，就应该坚持下去。

◎ 看得多，知识增加；写得多，笔底生花。

【释义】说明多读书、多观察，知识就会增长；勤动笔、多写作，文章就容易写得漂亮。

◎ 炕头上出不了英雄好汉。

【释义】比喻在安逸的环境里培养不出优秀的人才。

◎ 靠天靠地，不如靠自己。

【释义】指什么都靠不住，一切都要靠自己努力。

◎ 快刀不磨是块铁。

【释义】指快刀不磨，就会和废铁一样无用。比喻天分高的人如果不经磨炼，也成不了材。

◎ 困龙也有上天时。

【释义】比喻身处困境的人迟早都有摆脱困境、施展才干的时候。

◎ 困难是石头，决心是榔头。

【释义】比喻只要有决心，任何困难都可以克服。

◎ 平时不用功，考试着了懵。

【释义】懵（měng）：糊涂。指学习要靠平时的努力，否则到了考试的时候就会犯糊涂。

◎ 气可鼓而不可泄。

【释义】气：勇气。意为干事业的冲劲不可使之低落。

◎ 千锤成利器，百炼成纯钢。

【释义】利器：锋利的兵器。比喻人只有经过千锤百炼才能成为杰出的人才。

◎ 千金难买回头看，文章不厌反复改。

【释义】说明文章写好后还应回过头来审视一番，要不厌其烦地反复修改。

◎ 前进路上无尽头，水流东海不回头。

【释义】指人生道路只能向前，不能后退。

◎ 勤练功深心似镜，苦练日久手脚灵。

【释义】功：功夫。说明只有勤学苦练，持之以恒，才能做到思维敏捷、手脚灵便，练出真本事。

◎ 勤学为君子，不学为小人。

【释义】君子：古时指地位高的人，后指人格高尚的人。小人：指人格卑鄙的人。指勤奋好学的人是人格高尚的人，不学无术的人是人格卑鄙的人。

◎ 勤有功，嬉无益。

【释义】嬉：游戏；玩耍。勤奋努力，才能获得成功；嬉戏玩乐，不会有任何好处。告诫人们要勤奋努力，不要贪图玩乐，浪费光阴。

◎ 穷理必穷其源。

【释义】穷：追寻；深究。深究事物的原理，必须追寻到他的根源。说明学习知识必须有追根究底的精神。

◎ 求人不如求己。

【释义】指祈求别人帮助不如依靠自己的努力。

◎ 泉水舀不干，知识学不完。

【释义】说明知识广博，学无止境。

◎ 拳不离手，曲不离口。

【释义】比喻要掌握某种技能，必须不断地练习。

◎ 人伴贤良智转高。

【释义】贤良：有德行、有才能的人。指同有德才的人在一起会增长智慧。

◎ 人不出门不长见识。

【释义】说明人只有走出去，到外面见世面，才能增长见识。

◎ 人不学习眼光浅，勤奋好学前程远。

【释义】指不学习的人眼光短浅，勤奋学习的人前途远大。

◎ 人美在有智慧，话美在有哲理。

【释义】说明人的美在于他是否有智慧，话语的美在于说出的话是否富有哲理。

◎ 人无百年拙，心坚石也穿。

【释义】拙（zhuō）：笨；笨拙。指人不会一生都笨拙，只要意志坚强，持之以恒地去做，就会变得聪明能干起来。

◎ 人心钻，石山穿。

【释义】比喻人只要有钻研精神，再大的障碍也能克服。

◎ 人行千里路，胜读十年书。

【释义】强调人的实践活动比单纯地从书本上获取知识更重要。

◎ 人要闯，马要放。

【释义】闯：闯荡。放：此指放牧。说明人需要到社会实践中去闯荡、锻炼。

◎ 任你困难九十九，难不倒好汉一双手。

【释义】对好汉来说，再多的困难也能克服。

◎ 日出照亮大地，读书清醒头脑。

【释义】指读书可以给人以启迪，使人变得聪明。

◎ 入深水者得珍珠，涉浅水者得鱼虾。

【释义】比喻付出的劳动越多，得到的回报越高。

◎ 若要会，先受累。

【释义】指要想掌握一门学问或技术，首先要付出一定的劳动。

◎ 若要精，人前听。

【释义】指要想精明能干，就得多听取别人的意见。

◎ 三分天才，七分勤奋。

【释义】说明一个人事业上的成功，一部分靠的是自己的天赋，但主要靠的是勤劳刻苦。

◎ 三人行，必有我师。

【释义】指几个人一起走路，其中一定有可以做我的老师的。说明要善于向有长处的人学习或随时向周围的人学习。

◎ 山不在高低，要有景致；人不在大小，要有本事。

【释义】说明衡量一个人的价值，不在于年龄，而在于他的才能。

◎ 山外青山楼外楼，强中自有强中手。

【释义】指本领高的人之外还有本领更高的人。

◎ 山外青山楼外楼，人生永远没尽头。

【释义】山外还有山，楼外还有楼。比喻人的眼界要开阔，追求要永无止境。

◎ 善说不如善做，善始不如善终。

【释义】指说得好不如做得好，开始做得好不如坚持到底好。

◎ 少年不知勤学苦，老来方知读书迟。

【释义】指年轻时不知道发愤学习，到年纪大了时，后悔过去没有好好读书就已经迟了。

◎ 少壮不努力，老大徒伤悲。

【释义】老大：年龄大了；人老了。徒：空；白白地。指年轻时不刻苦努力，到了老年，就只有白白地悲伤了。

◎ 舌头打个滚，知识一大本。

【释义】比喻多向别人请教，就会学到很多知识。

◎ 射虎不成重练箭，斩龙不成再磨刀。

【释义】比喻受到挫折不气馁，要再接再厉，继续努力。

◎ 身怕不动，脑怕不用。

【释义】指多运动，身体才健康；多思考，脑子才灵活。

◎ 身怕不动弹，脑怕不钻研。

【释义】动弹：活动。说明身体不活动就容易生病；不动脑筋，不善于钻研问题，脑子就会退化。

◎ 深水莫畏渡，事难莫停步。

【释义】畏：畏惧。水流再深也不要担心渡不过去，事情再棘手也不要放弃。指做事要不畏艰险，勇往直前。

◎ 生命有尽头，学问无止境。

【释义】指一个人的生命有限，但学问和知识却是永远也学不完的。

◎ 师傅领进门，学习靠个人。

【释义】说明师傅只能起引导作用，能否真正学到技艺关键在于自己是否努力。

◎ 十磨九难出好人。

【释义】只有经受各种磨难，才能锻炼成优秀的人才。

◎ 十年寒窗无人问，一举成名天下知。

【释义】指读书人长期默默无闻地埋头读书，一旦金榜题名，则闻名天下。

◎ 十事半通，不如一事精通。

【释义】指很多方面都似懂非懂，不如在某一领域有所造诣。

◎ 实践是知识的源泉，知识是生活的明灯。

【释义】说明知识来自实践，反过来又指导实践，为人们的生活指明道路。

◎ 世上无难事，只要肯攀登。

【释义】说明只要像登山一样知难而上，任何难事都可以办成。

◎ 世上只有想不到的事，没有做不到的事。

【释义】鼓励人们，只要努力就没有办不到、做不成的事情。

◎ 事无三不成。

【释义】三：概数，表示多。指事情不经过多次努力不会成功。

◎ 事在人为，路在人走。

【释义】为（wéi）：做。指事情能否成功，全在于人的主观努力。

◎ 书本不常翻，犹如一块砖。

【释义】犹（yóu）：如同。有书不经常翻阅，好比放着一块砖头。比喻书要常读，否则书就失去了价值。

◎ 书到用时方恨少。

【释义】方：方才；才。说明只有在实际应用时才会后悔自己读过的书太少。

◎ 书读百遍，其义自见。

【释义】见：同“现”，显露。指书读的遍数多了，其中的意义自然就会显现出来。

◎ 书读百遍不嫌多，遍遍都有新收获。

【释义】指好书要反复研读，每读一遍都会有新的收获。

◎ 书山有路勤为径，学海无涯苦作舟。

【释义】径：门径；门路。涯：水边。舟：船。比喻学无止境，要攀登知识高峰，必须刻苦努力。

◎ 熟读《唐诗三百首》，不会作诗也会吟。

【释义】《唐诗三百首》：清代孙洙编，所选的三百多首诗是唐代具有代表性的优秀之作。作诗：做诗。指多读优秀诗文，可提高文学欣赏水平和写作能力。

◎ 熟读游泳学，不如下大河。

【释义】说明书本知识学得再多再好，也不如亲自去实践。

◎ 摔跤也要向前倒。

【释义】比喻不管受到什么挫折都要继续前进。

◎ 水不流要发臭，人不学要落后。

【释义】比喻人不学习就会退步、落伍。

◎ 水往低处流，人往高处走。

【释义】比喻人总是在不断进取，总是在向往和追求更加美好的前程。

◎ 顺藤摸瓜，寻根究底。

【释义】顺着瓜藤去寻找瓜，寻着植物的根去观察研究它的底部。比喻循着一条线索，进一步去了解事物的真相或事情发生的缘由。

◎ 天无时不风，地无时不尘，物无所不有，人无所不为。

【释义】说明世上没有什么事人不能做。

◎ 听过不如见过，见过不如做过。

【释义】听过只是抽象的了解，见过是具体的了解，做过才是真切的了解。强调实践的重要性。

◎ 头遍生，二遍熟，三遍四遍成师傅。

【释义】指一遍又一遍地做下去，技术越来越熟练，就能成为经验丰富、技术高超的人。

◎ 为者常成，行者常至。

【释义】为（wéi）：做。指只要肯做就有成功的可能，只要肯行动就会有达到目的的时候。

◎ 文人无定师，文章无定格。

【释义】指有文化的人不止一个老师，写文章也没有固定的格式。

◎ 文无难易，唯求其是。

【释义】是：对。指写作没有困难和容易之分，只求写得真实可信。

◎ 文在精，不在多。

【释义】指写文章贵在简洁精练，不在于文字多。

◎ 文章不妨千次磨。

【释义】说明好的文章都是经过一次次的推敲琢磨写成的。

◎ 文章千古事，得失寸心知。

【释义】文章是关系流传千秋的大事，其中的得失作者心里最清楚。

◎ 文章自古无凭据。

【释义】指评判文章的好坏从来没有绝对的标准。

◎ 细嚼得滋味，细想出智慧。

【释义】智慧：辨析判断、发明创造的能力。说明人的智慧可以在思索的过程中得到增长。

◎ 险中的船儿划得快。

【释义】船在急流险滩的河段航行时，因划船者奋力向前，船行得反而快。比喻困难能激励人焕发干劲。

◎ 心欲专，凿石穿。

【释义】心意专一能把石头凿穿。比喻只要专心致志，再难做的事情也可以办成。

◎ 星星使天空绚烂夺目，知识使人们增长才干。

【释义】说明只有学习知识，掌握知识，才能更加聪明、更有才干。

◎ 行百者半九十。

【释义】要走一百里路的人把走了九十里当成只走了一半。比喻越是接近成功的关键时刻，越要多下工夫，认真对待。

◎ 行船不怕顶头浪，走路不怕路不平。

【释义】比喻做任何工作都要不怕艰难险阻。

◎ 选择益友得帮助，选择好书得学问。

【释义】指与好人交朋友会得到帮助，受到教益；读有益的书籍会获得知识，增长学问。

◎ 学不在多贵在用。

【释义】说明学习知识不在多少，可贵的是能把学到的知识运用到实践中去。

◎ 学到老，不会到老。

【释义】说明人一生要学习的东西很多，即使学到老也还有许多东西没有学会。

◎ 学到知羞处，方知艺不精。

【释义】方：方才；才。指学习时遇到自己不懂的问题，才知道自己并不精通。

◎ 学问勤中得，不勤腹中空。

【释义】指勤奋才能获得学问，不勤奋就会腹中空空。

◎ 学问是心灵的眼睛。

【释义】比喻学问、知识是人最重要的东西。

◎ 学问学问，勤学好问。

【释义】好（hào）：喜爱。要想有学问，既要勤奋学习又要多向人请教。

◎ 学问之根苦，学问之果甜。

【释义】说明求取学问要付出艰苦的劳动，有了学问并在实践中运用，就能获得最大的快乐。

◎ 学无老少，能者为师。

【释义】能者：有能力的人，这里指懂的人、有学问的人。指学习不分老少，谁的学问好就尊崇谁为师。

◎ 学无前后，达者为师。

【释义】指学习不分先学后学，懂得透彻的人就是老师。

◎ 学习不怕根基浅，只要迈步总不迟。

【释义】指学习不怕基础差，只要迈步向前就能赶上。

◎ 学习不怕难，只怕头脑懒。

【释义】指学习中遇到困难不要紧，怕的是不动脑筋，懒于思索。

◎ 学习从来无捷径，循序渐进登高峰。

【释义】指在学习上从来没有捷径可走，只有坚持不懈，一步一步地向前才能攀登知识的高峰。

◎ 学习全在自用心，老师不过引路人。

【释义】说明学习知识完全在于自身的努力，老师只能起引导作用。

◎ 学习如赶路，不能慢一步。

【释义】指学习就像赶路一样要抓紧时间，不能耽搁拖延。

◎ 学习要虚心，别装明白人。

【释义】指学习要虚心求教，不要自以为是，不懂装懂。

◎ 学者不释书，书家不释笔。

【释义】释：放开；放下。指做学问的人离不开书，善书法的人离不开笔。

◎ 学者如牛毛，成者如麟角。

【释义】牛毛：形容很多。麟角：传说中的麒麟的角，形容珍贵罕见的东西。说明学习的人多得像牛毛，但学而有成的人却如麟角般稀少。

◎ 言为心声，文如其人。

【释义】指言语是表达心意的声音，文章所表达的思想和表现的风格就像作者本人一样。

◎ 雁怕离群，人怕掉队。

【释义】比喻人们都怕跟不上形势的发展而被淘汰。

◎ 阳光照亮大地，知识照亮人生。

【释义】说明知识渊博能使人生充满光彩，就像阳光能照亮大地一样。

◎ 要得惊人艺，须下苦工夫。

【释义】指要想学到令人赞叹的精湛技艺，必须下大力气，刻苦钻研。

◎ 要通古今事，须读五车书。

【释义】指要想博古通今，必须多多读书。

◎ 要想本领高，从小学到老。

【释义】说明要想本领高强，必须从小到老不断地学习、钻研。

◎ 要想人前显贵，就得背后受罪。

【释义】受罪：此指下苦工夫。告诫人们要想彰显自己，出人头地，就必须埋头苦干，勤学苦练。

◎ 要想有好的明天，就得从今天做起。

【释义】指今天的努力是为明天创造条件，明天的成功要从今天的努力开始。

◎ 要学好，多动脑；要学深，务求真。

【释义】说明要想学得好，必须多用脑子；要想学问渊博，必须下真功夫。

◎ 要知道，经一遭。

【释义】遭（zāo）：回；次。强调实践出真知。

◎ 要知人间事，须读世间书。

【释义】要明白人间事理，必须多读书。

◎ 要知真底细，须问知根人。

【释义】说明要探究事情的来龙去脉，必须向知根知底的人请教。

◎ 要做沉底石头，不做漂水葫芦。

【释义】比喻做事要脚踏实地，不要浮漂、不踏实。

◎ 一步领先，步步占先。

【释义】指事情一开始就非常主动，以后就会一直处于领先地位。

◎ 一等二靠三落空，一想二干三成功。

【释义】指做任何事情如果存有等待和依赖思想，就办不成；如果动脑筋想办法努力去做，就一定能成功。

◎ 一日读书一日功，一日不读十日空。

【释义】指读书学习要坚持不懈，才有功效；学习中途停顿就会前功尽弃。

◎ 一熟三分巧。

【释义】做事熟练了就容易掌握其中的技巧。强调熟能生巧。

◎ 艺在勤中学，功在苦中练。

【释义】强调学艺练功都要勤奋、刻苦。

◎ 吟成七个字，捻断数茎须。

【释义】七个字：指七言诗句。捻（niǎn）：用手指搓。形容诗人字斟句酌，反复推敲，苦心做诗的情形。

◎ 有了知识不实践，如同珠子断了线。

【释义】比喻有了理论知识而不在实践中加以运用，理论与实践就会脱节。

◎ 有味诗书苦后甜。

【释义】说明好的诗篇和文章要下苦工夫研读，以后就会运用自如，尝到甜头。

◎ 有心打石石成砖，无心打石石无痕。

【释义】比喻做事情，有心就能成功，无心就会失败。

◎ 有一分热，发一分光。

【释义】比喻有多大能力，就作出多大贡献。

◎ 幼年学习记得深，好比石上刻道印。

【释义】说明青少年时期的记忆力强，学到的东西印象深刻，不容易忘记。

◎ 玉不琢，不成器；人不学，不知理。

【释义】琢（zhuó）：雕琢。玉石不经过雕琢，成不了器物；人不学习，就不能明白事理。说明学习的重要性。

◎ 欲要多知须多学，欲要多学须多问。

【释义】说明要想懂得多必须多学习，要想学得多必须多向人请教。

◎ 造烛求明，读书求理。

【释义】指造烛是为了得到光明，读书是为了寻求真理。

◎ 知识好比沙下泉，掘得越深水越清。

【释义】比喻学习知识要有钻研精神才能学得精深透彻。

◎ 知识在于积累，天才在于勤奋。

【释义】说明知识是在学习中逐渐积累起来的，天才是在勤奋中产生的。

◎ 知之为知之，不知为不知。

【释义】告诫人们懂就是懂，不懂就是不懂，不要装懂。

◎ 只要工夫深，铁杵磨成针。

【释义】铁杵（chǔ）：一头粗一头细的铁棒，多用来舂米。比喻只要有恒心，肯下工夫，做任何事情都能成功。

◎ 只要善于钻，行行出状元。

【释义】说明只要善于学习钻研，各行各业都可以产生优秀人才。

◎ 只因览胜探奇，不顾山遥水远。

【释义】比喻要实现美好的愿望，必须付出艰苦的劳动。

◎ 自古雄才多磨难。

【释义】雄才：此指具有杰出才智的人。说明自古以来凡是具有雄才大略的人物往往都要经过艰苦的磨难。

◎ 自古英雄多磨难，从来纨绔少伟男。

【释义】纨绔（wánkù）：细绢做的裤子，比喻富贵人家的子弟。少：少见；少有。指自古以来，英雄豪杰都要经历许多挫折和苦难；而富贵人家受惯娇宠的子弟很少能承担重任和成就大业。

◎ 自满是求知的拦路虎，自谦是智慧的引路人。

【释义】指骄傲自满阻碍人们探求知识，谦虚能引导人们获得智慧。

珍惜光阴

◎ 白日莫闲过，青春不再来。

【释义】指光阴不可虚度，青春需要珍惜。

◎ 百年三万六千日，光阴只有瞬息之间。

【释义】即使人能活到一百岁，总共也不过有三万六千天的生命，光阴其实只在瞬息之间。说明无论生命有多少时日，光阴仍旧是瞬间即逝。

◎ 宝贵的季节是春天，宝贵的时代是青年。

【释义】指人生中青年时代是奋发有为的重要时期。

◎ 不爱惜花木，看不到花的美丽；不珍惜时间，得不到生命的价值。

【释义】说明浪费时间就是浪费生命，就体现不了生命的价值。

◎ 不贵尺之璧，而贵寸之阴。

【释义】璧（bì）：璧玉。阴：日影；光阴。指不以盈尺的璧玉为贵重，而以日影移动一寸的时间为珍贵。说明时间比任何东西都宝贵。

◎ 曾记少年骑竹马，转眼便是白头翁。

【释义】竹马：儿童放在胯下当马骑的竹竿。白头翁：喻指白发老人。比喻时间过得极快，转眼之间，便由少年变成白发老人。

◎ 寸金难买寸光阴。

【释义】形容时间宝贵，流失后无法挽回。

◎ 大豆不挤不出油，时间不挤会自溜。

【释义】比喻不抓紧时间，时间就会从身边悄悄地消逝掉。告诫人们要珍惜时间。

◎ 冬去春又来，年华似水流。

【释义】年华：时光；年岁。指四季更替，时光如水一样流逝。

◎ 光阴似箭，日月如梭。

【释义】形容时间过得很快，转瞬即逝。

◎ 花开花谢年年有，人老何曾再少年。

【释义】花每年都要开放、凋谢，人老了就不可能再回到少年时代。比喻青春年华一去不复返。

◎ 花有重开日，人无再少年。

【释义】比喻时间不会倒退，人的青春一去不回。劝人要珍惜时间。

◎ 黄金难买朱颜驻。

【释义】朱颜：喻指红光满面。驻：留住。说明人的容颜会随着时光的流逝逐渐衰老，金钱再多也不能把岁月留住。

◎ 急急光阴似流水，等闲白了少年头。

【释义】时光过得如同流水一般，不经意间少年头上就长出了白发。告诫人们，光阴易逝，莫虚度美好年华。

◎ 拣日不如撞日，撞日不如今日。

【释义】拣日：选择好日子。撞日：随便哪一天。强调办事要说干就干，不要找借口拖延时日。

◎ 节约时间就是延长寿命。

【释义】告诫人们，要注意节约时间，抓紧时间多做一些事情。

◎ 今日事，今日毕，留到明日更着急。

【释义】毕：完结；完成。指应该当天做完的事情，就一定要当天完成。

◎ 枯木逢春犹再发，人无两度少年时。

【释义】犹（yóu）：还；尚且。度：次。说明人生少年时代荒废了，不会重新再来一次。

◎ 快活光阴过得快。

【释义】说明人心情愉快时，会觉得时间过得特别快。

◎ 美景不长，良辰难再。

【释义】说明美好的景物不会长久存在，美好的时光逝去不会再来。

◎ 美丽的鸟儿珍惜羽毛，聪明的人儿珍惜时间。

【释义】小鸟没有羽毛就无法飞翔，人要是浪费时间就会一事无成。劝人不要浪费时间。

◎ 明天复明天，计划难实现。

【释义】复：再；又。说明不抓紧时间，做事拖拉，终将一事无成。

◎ 莫说年纪小，人生容易老；莫说时光早，一去没处找。

【释义】强调青少年要珍惜光阴，珍惜青春岁月。

◎ 年怕中秋月怕半。

【释义】中秋：我国传统节日，在农历八月十五日。半：此指月半，即每月十五日。每年到了八月十五日，一年的时间已过去大半；每月到了十五日，一月的时间已过去一半。告诫人们要珍惜时间，不要虚度光阴。

◎ 宁抢今天一秒，不等明天一分。

【释义】说明做事要争分夺秒，今天的事不要推到明天去做。

◎ 宁舍寸金，不舍光阴。

【释义】舍：舍弃。指光阴非常宝贵，要十分珍惜。

◎ 青春易逝，岁月难留。

【释义】青春容易消逝，时光难以挽留。告诫人们要珍惜青春年华。

◎ 人生青春几多年，勤学好问莫贪玩。

【释义】说明人生苦短，要勤奋学习，不要贪图玩乐，贻误青春年华。

◎ 人生一世，草木一秋。

【释义】比喻人生短暂。

◎ 日月莫闲过，青春不再来。

【释义】指光阴不可虚度，青春需要珍惜。

◎ 少年金，青年银，错过时光无处寻。

【释义】比喻青少年时代时间显得特别宝贵，错过大好时光就再也无法挽回。劝人珍惜青少年时代。

◎ 少年莫笑白头翁，花开能有几时红。

【释义】白头翁：喻指白发老人。说明少年对老年人要尊敬，不要讥笑，自己随着岁月的流逝也会变老。

◎ 时间莫闲过，青春不再来。

【释义】指光阴不可虚度，青春需要珍惜。

◎ 时间能获得黄金，黄金不能买光阴。

【释义】说明时间可以创造财富，钱财却买不来时间。

◎ 时间容易过，岁月莫蹉跎。

【释义】蹉跎（cuōtuó）：光阴白白地过去。说明时间过得很快，不要白白地浪费掉。提醒人们要珍惜时间。

◎ 时间如流水，一去不复返。

【释义】指时间像河水一样，永远不会倒流。劝人要珍惜时间，不要虚度光阴。

◎ 时间像生命，一刻值千金。

【释义】指时间就是生命，一时一刻都极为宝贵。

◎ 水流东海不回头，误了青春枉发愁。

【释义】枉（wǎng）：白白地；徒然。说明青春时光逝去不返，忧虑发愁也无济于事。

◎ 岁月不饶人。

【释义】饶（ráo）：饶恕；宽容。指随着时间的流逝，人必然会逐渐衰老。

◎ 桃花岁岁皆相似，人面年年不相同。

【释义】桃花每年都一样的开放，而人的面孔却随着年岁的增长而发生变化。

◎ 万物都有时，时来不可失。

【释义】说明万物的产生和发展都有一定的规律，要善于抓住机会，不可错失时机。

◎ 未来休指望，过去莫思量。

【释义】不要寄希望于遥不可及的未来，也不要总惦记过去的事情。强调只有把握住今天才是积极的态度。

◎ 严寒飞雪盼日暖，转眼桃花树开满。

【释义】由严寒飞雪到春暖花开，只是转眼间的事。指时间过得很快。

◎ 一寸光阴一寸金，寸金难买寸光阴。

【释义】指时间非常宝贵，必须十分珍惜。

◎ 一点一滴汇成沧海，一分一秒组成人生。

【释义】沧海：大海。说明人的一生是由一分一秒积累而成，要珍惜生命就要从珍惜一分一秒做起。

◎ 一青一黄是一年，一黑一白是一天。

【释义】庄稼由青变黄就是一年，天地由黑变白就是一天。比喻时间过得很快。

◎ 一日难再晨，岁月不待人。

【释义】说明一天只能有一个早晨，岁月天天在流逝。时间不等人。

◎ 一日无二晨，时间不重临。

【释义】说明一天只能有一个早晨，岁月一去不复返。

◎ 一日之计在于晨，一年之计在于春。

【释义】强调每天早晨的时光非常宝贵，要认真计划和安排。

◎ 一天能误一个春，十年能误一代人。

【释义】强调浪费时间的严重危害。告诫人们要珍惜时间。

◎ 有时时刻刻，就没有年年月月。

【释义】说明岁月是由一时一刻积累而成，珍惜时光应从时时刻刻做起。

◎ 愚蠢的人等时间，聪明的人挤时间。

【释义】指善于利用、珍惜时间的人是聪明人，否则就是愚蠢的人。

◎ 知道一分钟如此可贵，就应该珍惜每一秒钟。

【释义】指每一秒钟都是很宝贵的，分分秒秒的时间都要珍惜。

◎ 最珍贵的财富是时间，最大的浪费是虚度流年。

【释义】流年：指光阴。说明时间是人生最宝贵的财富，一旦失去就无法挽回；浪费时间就等于浪费生命，这是最大的浪费。

交往情谊

◎ 阿谀人人喜，直言人人嫌。

【释义】阿谀（ēyú）：迎合别人的意思，说好听的话。直言：毫无顾忌地说出来。指世人大多喜欢听阿谀奉承的话，讨厌直言不讳。

◎ 挨着勤的没懒的，挨着懒的没攒的。

【释义】挨（āi）：靠近。攒（zǎn）：储蓄。经常和勤快的人在一起，会变得勤快；经常和好吃懒做的人在一起，会变得贫穷。说明同什么人交往就会受什么人的影响。

◎ 八百买宅，三千买邻。

【释义】指选择好邻居非常重要。

◎ 不打不相识。

【释义】指不经过交手较量，就不会相知相识，也就无缘成为知交。

◎ 不患人不知，单怕不知人。

【释义】患：忧虑；担心。指不要担心别人不了解自己，只怕自己不了解别人。

◎ 不会烧香得罪神，不会讲话得罪人。

【释义】指说话不掌握分寸，容易引起别人的反感。

◎ 不看僧面看佛面，不看鱼情看水情。

【释义】不看这个人的情面，还要看另外的人的情面。旧时比喻处事好歹要讲点情面。

◎ 不眠知夜长，久交知人心。

【释义】睡不着觉才知道黑夜太长，和人长时间相处才能了解人的心。说明要了解人必须经过长时间的相处。

◎ 不怕不识字，就怕不识人。

【释义】指在人际交往中，看不清人的本质，分不清好坏，比不认识字带来的后果更严重。

◎ 不怕肚不饱，只怕气不平。

【释义】指生活艰苦并不可怕，怕的是心情不舒畅。

◎ 不怕明说，就怕暗点。

【释义】暗点：指指点点；在旁边挑剔毛病；在背后说人不是。指有话说在明处，不要在背后指指点点。

◎ 不怕千里远，只怕隔层板。

【释义】隔层板：比喻中间有隔阂。喻指彼此相隔很远没有关系，可怕的是彼此之间存在隔阂和误解。

◎ 不怕事难，只怕众言。

【释义】指群众舆论的压力往往比事情本身更难对付。

◎ 不怕走得慢，就怕丢了伴。

【释义】说明人在行动中最怕失去伙伴。

◎ 不砌一面墙，不听一面话。

【释义】指不要听信一面之词。

◎ 不如意事常八九，可与人言无二三。

【释义】八九：十有八九，表示多。言：说。二三：十有二三，表示少。说明人不顺心的事情很多，可以跟人诉说的却很少。

◎ 不是精肉不巴骨，不是肥肉不巴皮。

【释义】精肉：瘦肉（多指猪肉）。巴：粘；贴。比喻是哪一种人就同哪一种人接近。

◎ 不是一家人，不进一家门。

【释义】指只有志趣性格相投的人才会聚在一起。

◎ 不是知音话不投。

【释义】投：合；投合。指只有互相了解的人，话才能说到一起。

◎ 不行万里路，难见痴人心。

【释义】比喻不经过长期考验，就难以看出人是不是真心。

◎ 曹操诸葛亮，脾气不一样。

【释义】曹操：三国时期魏武帝，善权谋。诸葛亮：三国时期蜀汉丞相，多智慧。泛指人的性格爱好各不相同，不可强求一致。

◎ 茶水越泡越浓，人情越交越厚。

【释义】指人与人之间的交往越多，情谊就越深厚。

◎ 吃得亏，在一堆。

【释义】指为人老实，懂得谦让，不计得失，才可以与人相处共事。

◎ 吃的盐和米，讲的情和理。

【释义】指为人处世要讲人情懂道理。

◎ 吃苦菜，莫吃根；交朋友，莫忘恩。

【释义】比喻交朋友不可忘恩负义。

◎ 吃一分亏无量福，失便宜处是便宜。

【释义】指吃一点亏会带来很多福运，失去好处的地方正是可以得到好处的地方。

◎ 丑话先说不为丑。

【释义】指把需要说明的问题和可能出现的后果事先向对方讲清楚，不是什么丑事。

◎ 出笼的鸟难回，出口的话难收。

【释义】话说出口像出了笼子的鸟那样难以收回。告诫人们说话要谨慎。

◎ 初交凭衣冠，久交凭学识。

【释义】学识：学术上的知识和修养。指初次交往时，靠外表给人留下印象；但要继续深交，往往就要靠自己的知识和修养了。

◎ 打不断的亲，骂不断的邻。

【释义】指亲戚或邻居之间即使闹了矛盾，但不久就会和解，继续往来。

◎ 打人莫打脸，骂人休揭短。

【释义】指不要在要害处伤害别人。

◎ 打人莫打痛处，说人莫说重处。

【释义】告诫人们指责别人要适可而止，不可做得过分。

◎ 大风吹倒梧桐树，自有旁人说短长。

【释义】比喻出现了奇异的事情，就会有人说长道短，议论纷纷。

◎ 大哥不说二哥，螺蛳不笑蚌壳。

【释义】 螺蛳（luó · sī）：淡水螺的通称。比喻情况类同或相似的人没有理由互相讥笑。

◎ 大路不平众人踩，情理不合众人抬。

【释义】 指凡是不合情理的事，大家都会主持公道，进行评理。

◎ 大路朝天，各走半边。

【释义】 指各走各的路或各干各的事，互不相干。

◎ 大事化小，小事化了。

【释义】 指息事宁人，使大的矛盾变小，使小的矛盾不了了之。

◎ 挡得住千人手，捂不住百人口。

【释义】 比喻再有能耐的人也不能限制众人说话。强调议论是阻止不了的。

◎ 刀伤皮肉，话伤灵魂。

【释义】 比喻说话失当会给人的心灵带来伤害。

◎ 刀伤易治，口伤难医。

【释义】 指恶言恶语对人的伤害比刀伤更严重。

◎ 到处有人情，有雨好借伞。

【释义】 比喻人缘好，关系广，当遇到困难时才能得到大家的帮助。

◎ 灯不拨不明，话不说不清。

【释义】 比喻话要说出来才会使人明白。

◎ 灯不明，要人剔；人不明，要人提。

【释义】 剔（tī）：挑拨，这里指挑灯芯。比喻不明事理的人需要别人去提醒和帮助。

◎ 灯不明，有人拨；事不平，有人说。

【释义】 比喻如果办事不公平，总会有人出面说公道话。

◎ 地和生百草，人和万事好。

【释义】 比喻人与人之间和睦相处，什么事情都能办好。

◎冬不借裘，夏不借伞。

【释义】裘（qiú）：毛皮的衣服。指不要向人借人家正需要的东西。说明做事要识时务，不强人所难。

◎豆腐白菜，各人所爱。

【释义】指每个人的爱好各不相同。

◎对待失意人，莫说得意事。

【释义】指在失意不开心的人面前不要谈论得意高兴的事，以免引起对方伤感。

◎多动扶人手，莫开伤人口。

【释义】指要多扶持别人，不要讲伤害人的话。

◎多个朋友多条路，多个仇人多堵墙。

【释义】旧指朋友多了门路广，仇人多了路子窄。告诫人们要多交朋友，少结冤仇。

◎多嘴讨人嫌。

【释义】嫌：嫌弃；讨厌。指多嘴多舌爱说闲话的人不受欢迎。

◎恶言伤心，恶行伤身。

【释义】指恶毒粗野的言行最易对人造成伤害。

◎发乱找木梳，心乱找朋友。

【释义】指心中有烦恼时可以找知心朋友谈心解闷。

◎饭可以乱吃，话不可乱说。

【释义】指说话是要负责任的，不能信口胡说。

◎饭越捎越少，话越捎越多。

【释义】捎（shāo）：顺便带。指话越传越走样。

◎飞上梧桐树，自有旁人说短长。

【释义】比喻一旦发生引人注目的事情，就会有人出来说长道短。

◎非亲有义须当敬，是友无情不可交。

【释义】不是亲戚，只要有情有义就值得尊重；是朋友，但无情无义也不要交往。指交往重在情义。

◎ 肥要追到根上，话要说到心上。

【释义】指就像施肥要施到根上才起作用一样，说话也要有针对性，话要说到人的心坎上。

◎ 父母安，合家欢。

【释义】指父母平安健康，全家人都快乐。

◎ 父子不和家不旺，邻居不和是非多。

【释义】指一家老少和睦相处，家业才能兴旺发达；邻里之间和睦相处，才不会是非不断。

◎ 隔山隔水不隔亲。

【释义】指距离隔得再远也隔不断亲情。

◎ 鼓不敲不响，话不讲不明。

【释义】比喻有话不说清楚，别人就不会明白。

◎ 管闲事，落不是。

【释义】指管了不该管的事容易遭人埋怨。

◎ 过耳之言，不可听信。

【释义】指风言风语不能轻易相信。

◎ 过耳之言，不足为凭。

【释义】指听来的话，不能轻信并作为凭据。

◎ 过头饭难吃，过头话莫说。

【释义】指说话要掌握分寸，不要过分。

◎ 好饭不怕晚，趣话不嫌慢。

【释义】比喻只要是好事，即使迟来也无妨。

◎ 好汉不打抄手人。

【释义】抄手：两手在胸前相互插在袖筒里或两臂交叉放在胸前。这里表示不动手。指英雄好汉不对无敌意或无力还手的人动武。

◎ 好汉不打告饶人。

【释义】告饶（ráo）：求饶。指有胆识的好汉不会惩罚认错请求饶恕的人。

◎ 好汉怕赖汉，赖汉还怕歪死缠。

【释义】歪死缠：胡搅蛮缠，不讲道理。指胡搅蛮缠耍无赖的人不好对付。

◎ 好汉识好汉，英雄识英雄。

【释义】指英雄好汉之间最容易互相了解。

◎ 好合不如好散。

【释义】合：结合到一起；合作。好的聚合不如好的离散。指如果不能和睦相处或继续合作，不如和和气气地分手。

◎ 好话不背人，背人没好话。

【释义】背（bèi）：躲避；瞒着。指好话不用瞒人，瞒着人说的都不是好话。

◎ 好话不留情，留情没好话。

【释义】指讲对人有益的话就不要顾及情面，说话讲情面顾面子对人不一定有益。

◎ 好话不在多说，有理不在声高。

【释义】好话不必重复啰唆，有理不必提高嗓门儿。告诫人们说话要有礼有节。

◎ 好话传三人，有头少了身；坏话传三人，有叶又有根。

【释义】指好话掐头去尾越传越少，坏话添枝加叶越传越多。

◎ 好话说三遍，不如驴叫唤。

【释义】三：概数，表示多。比喻话虽然好，但说多了就会使人厌烦。

◎ 好话说三遍，连狗也不听。

【释义】三：概数，表示多。说明再动听的话重复多了也会让人心烦。

◎ 好马在腿，好汉在嘴。

【释义】旧指好马在于跑得快，能干的人在于能说会道。

◎ 好人不嫌多，坏人怕一个。

【释义】指好人越多越好，坏人有一个就难以对付。

◎ 好人相聚，恶人远离。

【释义】说明好人聚集起来，品质恶劣的人就会躲开。人们常用以庆幸免灾避祸。

◎ 好心自有好报。

【释义】指诚心待人自然会有好的回报。

◎ 合家欢,老人安。

【释义】指全家和睦相处,老人们会感到晚年安乐。

◎ 和蠢人争论，不如去捡大粪。

【释义】强调与不明事理的人争论是白费口舌。

◎ 和为贵，忍为高。

【释义】说明人与人和睦相处，遇事忍让是最为可贵的。

◎ 河深海深，最深莫过父母恩。

【释义】指父母的养育之恩是世上最深厚的恩情。

◎ 河水有清有浑，朋友有假有真。

【释义】比喻朋友也有真假之分。劝人交友要慎重。

◎ 话不能说满，事不能做绝。

【释义】说明说话和做事应掌握分寸，留有余地。

◎ 话不要说死，路不要走绝。

【释义】指说话或做事要考虑后果，留有余地。

◎ 话出如箭，入耳难拔。

【释义】形容话一旦说出口就难以收回。劝人说话要三思。

◎ 话到嘴边留三分，事要三思而后行。

【释义】三思：反复思考。指为人处世要小心慎重，说话要留有余地，做事不要盲目。

◎ 话毒不在多，句句如刀割。

【释义】比喻恶毒的言语对人的伤害最大。

◎ 话激话，没好话。

【释义】激（jī）：使发作；使感情冲动。指如果双方互相冷嘲热讽，刺激对方，只会激化矛盾，话会越说越难听。

◎ 话是开心钥匙。

【释义】说明语言可以沟通思想，有打开心扉的作用。

◎ 话说三遍淡如水。

【释义】三：概数，形容多。比喻一句话重复次数多了就会使人感到索然无味。

◎ 话要想着说，饭要尝着吃。

【释义】比喻说话要深思熟虑，不要信口开河。

◎ 黄金有价情无价。

【释义】说明真挚的情意不能用金钱来衡量。

◎ 会说的惹人笑，不会说的惹人跳。

【释义】跳：此指发怒生气。指说话的艺术非常重要，若掌握得不好就容易得罪人。

◎ 会说的说圆了，不会说的说翻了。

【释义】会说的会把事情说得圆圆满满，不会说的会使事情越说越糟。指说话是否讲究艺术，注意方式，效果大不一样。

◎ 击石成火，激人成祸。

【释义】激（jī）：使发作；使感情冲动。比喻用语言刺激人，容易使人失去理智而发生意外。

◎ 济人要一世，怪人只一次。

【释义】济：救济。救济人要长期救济，责怪人则一次就足够了。

◎ 见鞍思马，睹物思人。

【释义】睹（dǔ）：看见。看到与自己关系密切的人、相关的东西，就会触发思念之情。

◎ 剑伤皮肉，话伤灵魂。

【释义】指用剑伤人不过伤及皮肉，用话伤人却会伤到人的心灵深处。

◎ 交必择友，居必择邻。

【释义】交：交往。择：选择。指与人交往，要选择好的朋友，居住之地要选择好的邻居。

◎ 交遍天下友，知心有几人。

【释义】结交的朋友很多，但是真正知心的朋友没有几个。说明与人交往知心朋友难得。

◎ 交情浓密，翻脸无情。

【释义】朋友间的关系过于亲密，一旦不合就会翻脸无情。劝人在友谊的处理上应有分寸。

◎ 交友交义不交财，择友择智不择貌。

【释义】择：选择。指结交朋友，要注重情义和才智，不要注重对方的钱财和相貌。

◎ 交有道，接有理。

【释义】交：结交；交往。道：道理。接：接受；接待。指结交朋友待人接物都要遵循规矩，合乎情理。

◎ 浇花浇根，交友交心。

【释义】比喻结交朋友要真心相待，以心换心。

◎ 胶多不粘，话多不甜。

【释义】比喻话说过了头就索然无味，适得其反。

◎ 脚长沾露水，嘴长惹是非。

【释义】比喻善于走东串西的人容易招惹麻烦，喜欢说长道短的人容易惹是生非。

◎ 叫花子也有三个穷朋友。

【释义】叫花子：乞丐。再穷的人也有三朋四友。指交友不分穷富，任何人都会有些朋友。

◎ 节令不到，不知冷暖；人不相处，不知心眼。

【释义】节令：这里指季节。季节不到就体会不到冷暖的变化；人不在一起相处，就不了解对方的人格品行。

◎ 结交要像长流水，莫学杨柳一时青。

【释义】比喻友谊不是短暂的，而是要长期发展下去。

◎ 结怨容易解怨难。

【释义】指与人结仇很容易，消除仇恨却很难。

◎ 金将火试，人将语试。

【释义】比喻从一个人的言谈中可以了解其品质的好坏。

◎ 金将火试方知色，人用财交始见心。

【释义】将：拿。方：方才；才。用火炼金才能看出其成色，在钱财交往中才能看出人内心的好坏。

◎ 金邻居，银亲戚。

【释义】说明近邻比亲戚还重要。

◎ 近不近，瞧人心。

【释义】指人与人之间的关系是否亲近，要看各人的心思。

◎ 近邻不可断，远友不可疏。

【释义】疏：疏远。近处的邻居和远方的朋友都要保持联系，不要疏远。

◎ 近人不说远话。

【释义】指关系亲密的人有话直说，不兜圈子。

◎ 近朱者赤，近墨者黑。

【释义】朱：朱砂，红色颜料。赤：红色。离朱砂近的容易被染红，离墨近的容易被染黑。指处于什么样的环境就容易受什么样的影响。比喻环境对人的影响很大。

◎ 酒逢知己千杯少，话不投机半句多。

【释义】指知心朋友相聚，酒喝得再多也嫌不够；缺乏共同语言的人在一起，谈半句话也嫌多余。

◎ 酒逢知己饮，诗向会人吟。

【释义】指酒要同知心朋友畅饮，诗要向能领悟的人吟诵。比喻处事要看对象。

◎ 酒后吐真言，梦里见真情。

【释义】说明酒后梦中的话往往是真心话，能流露真实情感。

◎ 酒敬高人，话敬知人。

【释义】高人：学术、技能、地位高的人。酒要向高人敬，话要对知己说。

◎ 酒朋饭友，没钱分手。

【释义】指靠金钱维持的朋友关系不会长久。

◎ 酒肉朋友千个有，落难之中一人无。

【释义】平时一起吃吃喝喝的朋友很多，遭难时一个也看不见。指酒肉朋友靠不住。

◎ 聚者易散，散者难聚。

【释义】指人或钱财聚集起来容易散掉，散掉以后就难以再聚集。

◎ 君子绝交，不出恶语。

【释义】恶（è）语：不好听的话。指品德高尚的人之间即使断绝交往也不以恶言相加。

◎ 君子坦荡荡，有话说当面。

【释义】指品德高尚的人光明磊落，有话当面说清，不在背后议论。

◎ 君子以同道为朋，小人以同利为友。

【释义】品德高尚的人结交朋友看重的是志同道合；卑劣小人结交朋友看重的是金钱利益。

◎ 君子重情义，小人重财利。

【释义】情义：亲属、同志、朋友等人与人之间应有的感情。君子看重的是情义，而小人看重的是钱财利益。

◎ 看人看心，听话听音。

【释义】看人要看他的内心世界，听话要听出话里的真正意思。指要透过现象看本质，不要被表面现象所迷惑。

◎ 看树看根，看人看心。

【释义】比喻观察一个人不能只看外表而要看他的内心世界。

◎ 看树看皮，看人看底。

【释义】底：根底；底细。比喻了解一个人要了解他的根底。

◎ 烈火识真金，患难知交情。

【释义】患难（huànnàn）：困难和危险的处境。指处于困难和危险的境地时，才能知道朋友之间交情的深浅。

◎ 邻居好，赛金宝。

【释义】指好邻居比金银财宝还可贵。

◎ 邻居一杆秤，街坊千面镜。

【释义】比喻街坊邻居对一个家庭的情况最清楚最了解。指周围的人最知情最公正。

◎ 龙交龙，凤交凤，老鼠的朋友会打洞。

【释义】比喻什么样的人就结交什么样的朋友。

◎ 路不修不平，话不讲不明。

【释义】指道理或某些想法只有讲出来才能让人明白。

◎ 骡子架子大了值钱，人架子大了就讨嫌。

【释义】比喻装腔作势爱摆架子的人惹人厌烦，让人瞧不起。

◎ 马看牙板，人看言行。

【释义】指判断一个人的好坏要听其言观其行。

◎ 骂人的不高，挨骂的不低。

【释义】指骂人的人不一定人格就高尚，被人责骂的人不一定就低人一等。

◎ 瞒天瞒地，瞒不过隔壁邻居。

【释义】指周围的人最了解情况。

◎ 没有舌头不碰牙的。

【释义】比喻经常在一起的人难免会发生一些矛盾。

◎ 没有秃疮，不怕别人说癞。

【释义】癞（lài）：黄癣，多长在头上。指自己没有毛病，就不怕别人议论。

◎ 门招天下客，四海皆朋友。

【释义】说明交友很广，到处都有朋友。

◎ 你不嫌我箩疏，我不嫌你米碎。

【释义】箩疏：此指米箩编得很稀。比喻彼此迁就，互不挑剔嫌弃。

◎ 你是你，我是我，鸭子不和鸡合伙。

【释义】比喻彼此志趣不同，不能在一起共事。

◎ 你走你的阳关道，我过我的独木桥。

【释义】阳关道：原指古代经过甘肃阳关通往西域的大道，后泛指通行便利的大路。比喻有光明前途的路。独木桥：用一根木头搭成的桥，比喻艰难的途径。比喻各走各的路，互不相干。也表示自己要走的道路已认定，你的路子再好也改变不了我的决心。

◎ 鸟困投林，人困投人。

【释义】鸟遇到险情就会往树林里飞，人遇到困境就会投靠他人。

◎ 宁和聪明人打一架，不和糊涂人说句话。

【释义】指要多同明白事理的人打交道，即使出现矛盾也有解决的办法；不要多费口舌与不明事理的人打交道。

◎ 宁交双脚跳，不交眯眯笑。

【释义】双脚跳：比喻脾气暴躁的人。指宁可同脾气不好心直口快的人交朋友，也不要和笑里藏刀的人打交道。

◎ 宁叫钱吃亏，不叫人吃亏。

【释义】指在生命财产遭受威胁的时候，宁可舍弃钱财，也要保证人身安全。

◎ 宁叫钱吃亏，莫叫脸发红。

【释义】说明宁可在经济上吃点亏，也不要做问心有愧的事。

◎ 宁叫人绝义，不可我无情。

【释义】指宁可让对方断绝情义，自己也不能对人无情无义。

◎ 宁可不识字，不可不识人。

【释义】说明识别好人和坏人比识字更重要。

◎ 宁可说得不透，不可过分夸口。

【释义】强调说话要留有余地，不要说大话夸海口。

◎ 宁可一不是，不可两无情。

【释义】说明即使对方有不对的地方，也不要报复，导致双方断绝交情。

◎ 宁惹远亲，不恼近邻。

【释义】宁愿得罪远方的亲戚，也不得罪左邻右舍。

◎ 宁舍千金献真佛，不拔一毛插猪身。

【释义】舍：舍弃。强调只要用在正当地方，钱花得再多也没什么可惜；用处不当，则一分钱也不应该花。

◎ 宁舍千亩地，不吃哑巴亏。

【释义】吃哑巴亏：吃了亏还不敢声张或无处申诉。指宁可明里受重大损失，也不愿暗中吃亏。

◎ 宁失一人喜，勿结千人怨。

【释义】勿：表示劝阻或禁止，相当于“不要”。说明不要为了讨一个人的欢心而得罪大多数人。

◎ 宁与千人好，莫与一人仇。

【释义】说明朋友越多越好，仇人一个也嫌多。

◎ 宁愿挨一刀，不和秦桧交。

【释义】秦桧：南宋初宰相，投降派首领，内奸，用“莫须有”罪名杀害岳飞父子。指宁可去死也不同奸险毒辣的人交往。

◎ 宁在人前全不会，莫在人前会不全。

【释义】指宁可在人前承认自己啥也不会，也不要在人前不懂装懂。

◎ 牛角易躲，人舌难避。

【释义】指牛用角触人，人还容易躲开；想不让别人议论是非，却很困难。

◎ 朋友多，好攀坡。

【释义】指交友多的人遇到困难时容易得到帮助。

◎ 朋友来了有美酒，豺狼来了有猎枪。

【释义】对朋友要热情款待，对坏人要狠狠打击。指为人处世要爱憎分明。

◎ 朋友千个少，冤家一个多。

【释义】 冤家：仇人。指朋友再多也不嫌多，仇人再少也嫌多。

◎ 骗朋友只一次，害自己是终身。

【释义】 一次欺骗了朋友，就会永远失去朋友，一辈子得不到别人的信任。告诫人们交友贵在忠诚。

◎ 漂亮话好说，漂亮事难做。

【释义】 指话说得好听容易，事做得漂亮就很困难。

◎ 欺人是祸，饶人是福。

【释义】 饶（ráo）：饶恕；宽容。欺负人会招灾惹祸，饶恕人会带来福运。劝诫人们要宽以待人。

◎ 千金难买好朋友。

【释义】 形容朋友之间的友谊非常可贵。

◎ 千金难买心头愿。

【释义】 心头愿：内心的愿望。指人真心实意出于自愿非常难得。

◎ 千金易得，知音难求。

【释义】 知音：知己，彼此了解而情谊深厚的人。比喻知己最为难得。

◎ 千里搭长棚，没有不散的筵席。

【释义】 长棚：供摆酒席而临时搭起的草棚或木棚。筵席：酒席。比喻欢聚的人总有离散的时候。

◎ 千里能相会，必是有缘人。

【释义】 指距离很远却能相聚在一起一定是彼此有缘。

◎ 千人千脾气，万人万模样。

【释义】 指人的性格、模样千差万别，各不相同。

◎ 千人千品，万人万相。

【释义】 品：品质；品德。相（xiàng）：相貌。指社会上有各种各样的人，其人品和相貌也千差万别。

◎ 千人所指，无病也死。

【释义】指：指斥；指责。指被大家谴责唾骂的人即使没有病也活不长久。

◎ 千言好个人，一言恼个人。

【释义】说明通过反复交谈才能结交一个朋友，而一句话不恰当就可能得罪一个朋友。

◎ 钱财易得，人意难求。

【释义】指人的情意比钱财更难以获得。

◎ 亲帮亲，邻帮邻。

【释义】指亲戚邻里之间要相互帮助。

◎ 亲不择骨肉，恨不记旧仇。

【释义】择：选择。骨肉：指父母兄弟子女等亲人。论亲，不挑选至亲骨肉；讲恨，不计较往日冤仇。指待人处事要不计较个人恩怨。

◎ 亲朋好友远来香。

【释义】说明从远道而来的亲戚朋友难得一聚，更要热情款待。

◎ 亲为亲好，邻为邻好。

【释义】指亲戚邻居之间要互相帮助，使大家都好。

◎ 亲向亲，邻向邻。

【释义】向：偏向；偏袒。指亲朋好友之间总会互相照顾互相帮助。

◎ 亲有远近，邻有里外。

【释义】说明亲戚邻里之间的关系有亲疏远近之别。

◎ 亲者割之不断，疏者续之不坚。

【释义】疏：疏远。指亲近的人之间的关系割也割不断，疏远的人之间的关系连也连不牢。

◎ 亲者严，疏者宽。

【释义】指对关系亲密的人要严格要求，对关系疏远的人则要宽容相待。

◎ 情理不顺，气死旁人。

【释义】指如果做事不合情理，周围的人也会愤愤不平。

◎ 情深恭敬少，知己笑谈多。

【释义】说明知心朋友在一起相聚，不必过于讲究礼节。

◎ 情越疏，礼越多。

【释义】疏：疏远。指感情越疏远，交往中的礼节也就越多。

◎ 情真不言谢。

【释义】彼此情真意切，互相帮助就用不着客气。说明真正的情谊是不讲条件的。

◎ 请客容易待客难。

【释义】指把客人请来不难，把客人款待好却不容易。

◎ 去时留情面，转来好相见。

【释义】转来：回来；回头。指人离去时要留点情面，以便日后好再见面。

◎ 劝架不能劝一边，听话不能听一面。

【释义】劝架不能偏向一边，听话也不能只听一面之词。指解决矛盾时要公正，要听取各方面的意见。

◎ 染于苍则苍，染于黄则黄。

【释义】苍：青色（包括蓝和绿）。比喻环境对人的成长起着重要作用。

◎ 饶人不是痴，过后得便宜。

【释义】饶（ráo）：饶恕；宽容。指对人忍让宽容并不是傻，日后会得到好的回报。

◎ 人比人，气死人。

【释义】指每个人的情况不同，如果事事与人相比，就会因为许多不如人之处而增加自己的烦恼。劝人不要互相攀比。

◎ 人仇我不仇，冤家即罢休。

【释义】冤家：仇人。说明自己如果不同别人结仇，冤家也就不会存在。

◎ 人去不中留，留来留去结冤仇。

【释义】 不中：不可以。指人决意要走，就不必强留，否则会反目成仇。

◎ 人上一百，形形色色。

【释义】 指在众多的人当中，每个人的性格爱好都各不相同。

◎ 人熟理不熟。

【释义】 理：道理；原则。指人和人之间再熟也要照理办事。

◎ 人抬人高，人贬人低。

【释义】 众人抬举你，你的名声就好；众人说你坏，你的名声就不好。说明人的名声在很大程度上要受舆论影响。

◎ 人香千里香。

【释义】 香：此指受欢迎。比喻一个受欢迎的人到哪里都受欢迎。

◎ 人心都是肉长的。

【释义】 指人都是有感情的，能被情理所感动。

◎ 人心换人心，八两换半斤。

【释义】 八两：旧制一市斤为十六两，八两等于半斤。指以自己真诚的心去换取别人对自己的真诚。

◎ 人言非剑，但可伤人。

【释义】 说明流言飞语会给人带来伤害。

◎ 人眼是杆秤，斤两看分明。

【释义】 比喻人人都会用自己的眼光去衡量事物，评判是非。

◎ 人要长交，账要短结。

【释义】 指朋友要长期交往，时间越长感情越深；彼此的经济账要及时清算，时间越短纠纷越少。

◎ 人有人言，兽有兽语。

【释义】 指哪一类的人说哪一类的话。

◎ 人在难处，才见真心。

【释义】 指人处于危难境地时才能看出朋友的真心。

◎ 三年识马性，五年懂人心。

【释义】指要了解人的内心必须经过长时间的接触。

◎ 三兄四弟一条心，门前黄土变成金。

【释义】指兄弟几个同心协力，家庭就会兴旺发达，富足有余。

◎ 沙锅不打不漏，朋友不交不透。

【释义】指朋友之间不多来往，彼此之间就不会深入了解。

◎ 山和山不相遇，人跟人总相逢。

【释义】指人总有机会相见。

◎ 上山擒虎易，开口求人难。

【释义】擒（qín）：捉拿。比喻不怕困难艰险，却害怕开口求人。

◎ 舌上有龙泉，杀人不见血。

【释义】龙泉：古宝剑名。比喻尖刻的话语会像利剑一样置人于死地。

◎ 舌是扁的，话是圆的。

【释义】指舌头虽然是扁的，但话却可以说得圆满委婉一些。

◎ 舌为利害本，口是福祸门。

【释义】本：本源；根本。指说话与人的利害福祸有很大关系，要慎之又慎。

◎ 设身处地，将心比心。

【释义】指设想自己处在别人的位置，站在别人的角度上去考虑问题，就会体谅别人。

◎ 伸手不打笑脸人。

【释义】指伸出巴掌，也不会打笑脸相迎的人。说明自知理亏又赔以笑脸的人是可以谅解的，用不着惩罚。劝人宽以待人，方可化解矛盾。

◎ 生看衣衫熟看人。

【释义】指陌生人之间，初次见面，可从衣着上推测对方的身份性格等；相识以后，就要看他为人处世如何。

◎ 是非吹入凡人耳，万丈江河洗不清。

【释义】凡人：平常的人。是非之言传进了平常人的耳朵里，平常人就会相信并很快传扬开去，再怎么解释也解释不清楚了。告诫人们要谨慎行事，避免卷入是非之中。

◎ 是非难逃众人口，好坏日久自分明。

【释义】说明是与非自有公论，好与坏终究会真相大白。

◎ 是非只为多开口，烦恼皆因强出头。

【释义】指多嘴多舌常常会惹是生非，爱出风头往往会带来烦恼。

◎ 是亲必顾，是邻必护。

【释义】顾：照管；照顾。是亲朋好友必然要相互照顾，是乡亲必然要相互庇护。指照顾亲友庇护邻里是人之常情。

◎ 树林子大了，什么鸟儿都有。

【释义】比喻在一个大的范围或群体中，什么样的人都会有。

◎ 谁人背后无人说，哪个背后不说人。

【释义】说明在现实生活中议论别人或被别人议论是常有的事，不足为奇。

◎ 水打浅处过，话从捷处说。

【释义】打：从。比喻说话要简洁明了。

◎ 水落石头见，事后见人心。

【释义】见（xiàn）：同“现”，显现出来。比喻人心好坏要经历过一些事情以后才能真正了解。

◎ 水平不流，人平不语。

【释义】说明处事公平合理，人们就不会有意见。也指一个人如果受到了公平的待遇，也就不会有意见了。

◎ 水清无鱼，人清无朋。

【释义】指人过分严明，就会没有朋友。

◎ 说出去的话，泼出去的水。

【释义】说出去的话像泼出去的水一样难以收回。告诫人们说话要谨慎。

◎ 说归说，笑归笑，动手动脚没家教。

【释义】比喻在与人相处时，谈笑之间要举止文雅，讲究文明礼貌。

◎ 说者无心，听者有意。

【释义】说话的人很随便，听话的人却很在意。告诫人们说话要小心谨慎。

◎ 送君千里，终有一别。

【释义】指送行送得再远，但终究要分别。常用以劝送行人留步。

◎ 岁寒知松柏，患难知交情。

【释义】岁寒：寒冷的岁月。患难：困难和危险的处境。比喻共过患难，经过考验，才会成为知心朋友。

◎ 损友敬而远，益友敬而亲。

【释义】损友：使自己蒙受损失的朋友。益友：对自己有益处的朋友。指为人要远离不好的朋友，尊敬和亲近能帮助自己的朋友。

◎ 弹琴知音，谈话知心。

【释义】说明通过相互交谈可以促进彼此了解。

◎ 天上星多月不明，地上人多心不齐。

【释义】比喻人多想法不一致，意见不统一。

◎ 听人言语可知贤愚。

【释义】指从一个人的言谈中可以了解他的修养素质如何。

◎ 同心之言，其臭如兰。

【释义】臭（xiù）：气味。指听知心人谈话就像闻到兰花的香气一样舒服。

◎ 同行无疏伴。

【释义】指结伴远行的人关系密切。

◎ 图小利不成大事。

【释义】图：贪图。指贪图小便宜则成不了大事。

◎ 退一步风平浪静，让一分海阔天空。

【释义】指遇事时退让克制，纷争就会平息，心境也会开阔。

◎ 退一步想，过十年看。

【释义】指做事要考虑后果，要经得起时间的考验。

◎ 托人如托山。

【释义】托：委托。比喻委托别人办事要十分慎重。

◎ 万两黄金容易得，知心一个也难求。

【释义】说明钱财容易得到，知心的朋友难找。

【也作】黄金易得，知心难求。

◎ 为人处世两件宝，和为贵来忍为高。

【释义】旧指待人和气遇事忍让是为人处世的法宝。

◎ 为人容易做人难。

【释义】指人活在世上容易，但处理好人与人之间的关系却不容易。

◎ 闻名不如见面，见面胜似闻名。

【释义】没有亲眼见到不如见到本人留下的印象深，见面后感到对方比传闻的还要好。

◎ 闻音知鸟，闻言知人。

【释义】指从一个人的言谈可以了解到他的人品。

◎ 蚊子遭扇打，只为嘴伤人。

【释义】比喻恶语伤人的人没有好下场。

◎ 乌鸦彩凤不同栖。

【释义】栖（qī）：本指鸟停在树上，泛指居住或停留。比喻好人不和坏人混在一起。

◎ 无事不登三宝殿。

【释义】三宝殿：佛教称佛法僧为三宝，三宝殿泛指佛殿。指找上门来是有事相告或相求。

◎ 无心人说话，只怕有心人来听。

【释义】说明无意之中说出的话，就怕听话的人当真。

◎ 五湖做客，四海为家。

【释义】说明走南闯北，到处都可以作为自己的家。

◎ 物以类聚，人以群分。

【释义】东西都是按种类聚集在一起，人总是一群一群地分开。比喻坏人总是与坏人勾结，好人总是与好人相聚。

◎ 喜时多失言，怒时多失理。

【释义】失言：无意之中说出不该说的话。指高兴时容易说出不该说的话；恼怒时说话容易不讲道理。告诫人们在情绪激动时要保持冷静，避免言行失控。

◎ 鲜花要用水灌溉，友谊要靠人珍爱。

【释义】比喻人彼此间的友谊需要双方共同珍惜和爱护。

◎ 闲饭好吃，闲话难听。

【释义】指闲言碎语听起来让人非常难受。

◎ 相逢不下马，各自奔前程。

【释义】比喻各走各的道，互不相干。

◎ 相逢犹似长相识，到老终无怨恨心。

【释义】犹（yóu）：如同。指志趣相同的人一见如故，终身为友，永无怨恨。

◎ 相逢知己话偏长。

【释义】指知心朋友相见，话就显得特别多。

◎ 相见易得好，久住难为人。

【释义】指亲戚朋友偶尔见面，容易相处得好；在一起住久了，就容易产生矛盾，很难相处。

◎ 相交满天下，知心能几人。

【释义】指结识的人很多，但知心朋友却很少。说明知心朋友难得。

◎ 相骂无好言，相打无好拳。

【释义】争吵时骂人的话很难听，打斗时出手很重。比喻双方发生冲突时，常有过激行为。

◎ 相识图相益，济人须济急。

【释义】说明结识朋友是为了互相帮助，接济人要在别人急需的时候。

◎ 小事瞒不过邻居，大事昧不过乡亲。

【释义】昧（mèi）：隐藏。指邻里乡亲最了解自己的底细，什么事都瞒不了他们。

◎ 心里有事面带色。

【释义】说明一个人的内心有所牵挂，常常会在脸上流露出异样的神色。

◎ 心忙事乱，心烦事多。

【释义】心中忙乱，做事就会杂乱无章；心里烦躁，容易惹出许多麻烦来。

◎ 心直口快，招人责怪。

【释义】心直口快：性情直爽，有话就说。这里指说话不经过考虑。指说话欠考虑的人容易遭到别人的责怪。

◎ 新来乍到，摸不着锅灶。

【释义】乍（zhà）：刚刚开始；起初。比喻刚刚来到一个新地方，不了解情况，不知从何做起。

◎ 惺惺惜惺惺，好汉识好汉。

【释义】惺惺（xīngxīng）：聪明人。惜：爱惜；重视。聪明人爱惜聪明人，好汉愿意结识好汉。泛指性格、才能或境遇等相同的人互相敬重爱惜。

◎ 兄弟如同手足。

【释义】兄弟之间就像手和脚那样难以分离。形容兄弟之情特别亲密融洽。

◎ 休说别人长短，自家背后有眼。

【释义】指不要在背后议论别人的短处过错；在别人的眼里，自己的短处过错也不少。

◎ 朽木不可为柱，卑人不可为伍。

【释义】朽木：腐烂的木头。卑人：道德声望低下的人。伍：同伙的人。腐烂的木头不可做柱子，道德声望不高的人不可交朋友。

◎ 眼不见嘴不馋，耳不听心不烦。

【释义】说明看不到或听不到不顺心的事，心里就不会烦躁。

◎ 眼是观宝珠，嘴是试金石。

【释义】指通过观察和交谈能了解对方的情况。

◎ 羊羹虽美，众口难调。

【释义】羹（gēng）：用蒸煮等方法做成的糊状食品。羊羹虽然美味可口，但也难合每个人的口味。比喻办事很难让每一个人都满意。

◎ 要打当面锣，莫敲背后鼓。

【释义】比喻有话要当面说，不要背后议论。

◎ 要得事合理，拿人比自己。

【释义】指要把事情办得合情合理，就要把别人放到自己的位置上来考虑。

◎ 要有人爱，必先爱人。

【释义】指只有首先想到关爱别人的人才会得到别人的关爱。

◎ 要知心腹事，须听背后言。

【释义】指要了解某人心中想什么事，只要听听他背后讲些什么就可以知道。

◎ 要做好人，须寻好友。

【释义】指要想做个好人，必须选择好人做朋友。强调要择友而交。

◎ 一不积财，二不积怨，睡也安然，走也方便。

【释义】旧指不积聚钱财不积怨结仇，就会平安无事。

◎ 一个巴掌拍不响。

【释义】比喻矛盾冲突总是双方面引起的。

◎ 一贵一贱，交情乃见；一死一生，乃见交情。

【释义】乃：才。指在贵贱变化和生死关头的关键时刻才可以看出交情的深浅。

◎ 一回生，二回熟。

【释义】回：次。熟：熟悉。指初次见面虽然陌生，再次见面就熟悉了。

◎ 一家人，心连心，打断骨头连着筋。

【释义】指至亲骨肉相互间极其亲密，即使发生各种意外变故，也不能使他们断绝关系。

◎ 一家人不说两家话。

【释义】说明自家人不要见外。

◎ 一句话，百步音。

【释义】指说出的话影响很大。

◎ 一句话能逗人笑，一句话能惹人跳。

【释义】一句话说好了能使人高兴，说不好则会惹人生气。说明说话要讲究艺术，注意方式方法。

◎ 一颗胡椒顺口气，一句好话暖颗心。

【释义】比喻一句好听的话能使人感到温暖如春。

◎ 一日相斗，十年侧目。

【释义】侧目：斜着眼睛看，表示愤恨。指只要一次动手打架，便永远结下了怨仇。告诫人们要避免与人结怨。

◎ 一言之善，贵于千金。

【释义】指一句有益于人的话比再多的金钱都宝贵。

◎ 一叶浮萍归大海，为人何处不相逢。

【释义】浮萍：一年生草本植物，浮生在河渠池塘中。比喻人不管到什么地方，总还有见面的机会。

◎ 一语惊醒梦中人。

【释义】指一句关键的话可以使头脑不清醒的人恍然大悟。

◎ 一只碗不响，两只碗叮当。

【释义】比喻一个人平安无事，两个人在一起就可能发生矛盾。

◎ 衣不如新，人不如故。

【释义】故：老朋友。指衣服是新的好，而人却是旧相识老朋友好。

◎ 衣长沾露水，舌长惹是非。

【释义】比喻爱说闲话的人容易惹是生非。

◎ 以心度心，间不容针。

【释义】度（duó）：推测；估计。间（jiàn）：空隙。以自己的感受去推测对方的感受，误差不会超过一针粗的空隙。强调将心比心去揣度人，往往很准确。

◎ 有灯掌在暗处，有话说在明处。

【释义】指有意见要当面讲，不要背后议论。

◎ 有饭送给亲人，有话说给知音。

【释义】知音：指真正了解自己的人。比喻对知心人可以无话不说。

◎ 有理不送礼，送礼没有理。

【释义】指有理的人不会送礼求情，送礼求情的人必然理亏。

◎ 有理无理，一打三分低。

【释义】双方争斗时，出手打人的一方有理也输三分。说明不管有没有理，打人总是不对。

◎ 欲知心腹事，且听口中言。

【释义】说明要想知道一个人的心事，只要听他所说的话就可以明白。

◎ 遇旱知泉甘，患难见真友。

【释义】遇到天旱干渴的时候才真正懂得泉水的甘甜；遇到困难的时候才能考验出谁是真正的朋友。

◎ 远亲不如近邻。

【释义】住处相隔很远的亲戚不如紧挨着的邻居。指邻居间应和睦相处，互相帮助。

◎ 在家靠父母，出门靠朋友。

【释义】在家时靠父母关心照顾，出门在外靠朋友帮助支持。说明在社会上要多交朋友。

◎ 知恩不报非君子，千秋万代落骂名。

【释义】指受到恩惠而不报答，会永远遭世人唾骂。

◎ 知音说与知音听，不是知音莫与弹。

【释义】知音：知己，彼此了解而情谊深切的人。指只有互相了解的人才有共同语言。

劝诫勉励

◎ 挨金似金，挨玉似玉。

【释义】挨（āi）：靠近。比喻接近品质高尚的人或处于良好的环境中就能受到好的影响。强调环境对人的影响很大。

◎ 安乐须防患难时。

【释义】指在安宁快乐的时候，必须防备意料不到的祸患。

◎ 百密未免一疏。

【释义】指不管谋划多么周密，也难免有疏漏之处。

◎ 败子若收心，犹如鬼变人。

【释义】败子：败家子；不务正业、挥霍家产的子弟。犹（yóu）：如同。要败家子回心转意就像要让死人复生一样是很难的。说明让坏人变好非常不容易。

◎ 壁间犹有耳，窗外岂无人。

【释义】犹（yóu）：还，尚且。屋里说话，隔壁或窗外会有人听见。指再秘密的谈话，也有可能泄露出去。

◎ 不管狼换几张皮，要学猎人看仔细。

【释义】告诫人们要善于识别乔装打扮的坏人。

◎ 不好烧的炕爱冒烟，不听劝的人好疯癫。

【释义】说明听不进或不爱听别人好言相劝的人，一般都是爱胡闹且不讲道理的人。

◎ 不可一日近小人。

【释义】小人：此指人格卑鄙的人。指任何时候都不要结交卑鄙小人。

◎ 不怕尺深的水，只怕寸深的泥。

【释义】比喻在危险性小的地方往往容易掉以轻心，发生问题。

◎ 不怕黑李逵，只怕笑刘备。

【释义】李逵（kuí）：《水浒传》中的人物，面色黝黑，性情豪爽、粗鲁。刘备：《三国演义》中的人物，面容和善而工于心计。比喻表面凶狠的人并不可怕，可怕的倒是笑里藏刀、工于心计的人。

◎ 不怕虎狼当头坐，只怕人前两面刀。

【释义】比喻明显的对手再凶恶也不可怕，就怕两面三刀、搞阴谋诡计的小人。

◎ 不怕明处枪和棍，只怕阴阳两面刀。

【释义】指公开作对的人并不可怕，怕的是阳奉阴违、两面三刀的小人。

◎ 不怕一万，只怕万一。

【释义】指事物的发展都有其偶然性，必须注意防止意外情况的发生。

◎ 不是撑船手，休拿竹篙头。

【释义】篙（gāo）头：撑船用的竹竿或木杆。比喻不要硬充内行去做力不能及的事。劝人凡事要量力而行。

◎ 不听老人言，吃亏在眼前。

【释义】吃亏：受损失。指不听从富有经验的老年人的意见，很快就会吃苦头。

◎ 不听众人言，吃亏在眼前。

【释义】指不听大家的劝告就要吃眼前亏。

◎ 不忘昔日苦，方知今日甜。

【释义】方：方才；才。指记住过去的苦难，才能体会到现在的幸福。

◎ 不学杨柳随风扬，要学青松立山冈。

【释义】指不要学杨柳随风摇摆，没有坚定的立场；要学就学青松永远矗立山冈。劝诫人们，要立场坚定，毫不动摇；不要见风使舵，左右摇摆。

◎ 不要忧来不要愁，自有青天对日头。

【释义】日头：太阳。比喻遇事顺其自然，不要过分忧虑、操心。

◎ 不在哪儿摔跤，不知哪儿路滑。

【释义】指不在某一方面遭受挫折，就不会从某一方面接受教训。

◎ 苍蝇贪甜，死在蜜里。

【释义】比喻过分贪求，会给自己带来不良后果。

◎ 曾遭卖糖君子哄，至今不信口甜人。

【释义】比喻因为受过一次骗，就再也不会相信那些甜言蜜语的人。

◎ 差之毫厘，谬以千里。

【释义】差、谬：差错；错误。毫厘：很小的长度单位。形容极小的差错会造成严重的后果。

◎ 长堤要防老鼠洞，大树要防蛀心虫。

【释义】比喻做事要从细微处加强防备，防患于未然。

◎ 常怀克己心，莫起害人意。

【释义】为人要常常克制和战胜自己的私心，不要有整人害人的想法。

◎ 常将有时思无时，莫待无时思有时。

【释义】指在富有时要常想到贫穷时的艰难，不要到贫穷时才想到富有时的好处。劝人要有忧患意识。

◎ 常听老人言，办事不犯嫌。

【释义】犯嫌：惹人讨厌。指经常倾听老人的经验之谈，办事可以少犯错误。

◎ 常在河边走，哪能不湿鞋。

【释义】喻指环境对人有一定的影响。

◎ 成大事者不拘小节。

【释义】拘（jū）：拘泥；不知变通。小节：与原则无关的琐碎小事。说明要成就大的事业就不要在非原则性的小事上斤斤计较。

◎ 成见不可有，定见不可无。

【释义】指个人对问题要有一定的见解，但不可固执己见。

◎ 成名每在穷苦日，败事多于得意时。

【释义】每：每每，往往。说明人处于艰苦的生活环境里，往往能勤奋努力，容易取得成就；而当人得志的时候，往往就得意忘形，容易失败。

◎ 吃亏长见识。

【释义】吃亏：受损失。指吃了一次亏，吸取经验教训，能增长一番见识。

◎吃一堑，长一智。

【释义】堑（qiàn）：隔断交通的沟，喻指挫折。指受一次挫折，便得到一次教训，增长一分才智。

◎传言过话，自讨挨骂。

【释义】指搬弄是非的人常惹人责骂。劝人不要搬弄是非。

◎船行弯处必转舵，人逢绝路要回头。

【释义】指人到了走投无路的地步要及时回头。

◎从善如登，从恶如崩。

【释义】从：跟随。登：往高处走，比喻艰难。崩（bēng）：崩溃；倒塌，比喻容易。学好如同登山一样艰难，学坏如同山崩一样迅速。说明学好难而学坏却十分容易。

◎从善如流，疾恶如仇。

【释义】从：听从；接受。疾：痛恨；憎恶。恶：指坏人坏事。指接受别人好的意见，要像流水一样自然而迅速，对坏人坏事要像痛恨仇敌一样。

◎打过斧头换过柄，改恶从善做好人。

【释义】指痛改前非，多做好事、善事，就会成为一个好人。

◎打架不能劝一边，看人不能看一面。

【释义】比喻处理问题或看人看事要全面，不能片面。

◎打人没好拳，骂人没好言。

【释义】指当事双方一旦打骂起来，互相都不冷静，失去理智，矛盾就会升级。

◎大奸似忠，大诈似信。

【释义】奸（jiān）：奸诈。诈（zhà）：欺骗。指老奸巨猾的人常常装出忠诚老实的样子。告诫不要被表面现象所迷惑。

◎大漏漏不干，细漏漏干塘。

【释义】大漏显而易见，容易引起人们的重视，池塘里的水不会漏干；小漏不显眼，人们往往会忽视，池塘里的水反而会漏干。说明忽视小的隐患会出大问题。

◎ 大门关得紧，歪风吹不进。

【释义】比喻只要严格自律，提高警惕，就可以避免歪风邪气的侵扰。

◎ 大意失荆州，骄傲失街亭。

【释义】指三国时，关羽因疏忽大意而失去荆州，马谡因骄傲自满而丢掉街亭。比喻疏忽大意或骄傲自满必然会造成无法挽回的损失。

◎ 刀上蜜糖不能尝，贪食鱼儿易上当。

【释义】比喻贪欲往往会导致人上当受骗。

◎ 得便宜处失便宜。

【释义】在得到便宜的同时也在失去便宜。说明便宜占不得。

◎ 得宠思辱，居安思危。

【释义】指受到宠幸时要想到可能受到的屈辱，处于安乐的环境里时要想到可能出现的危难。

◎ 灯蛾扑火，惹火烧身。

【释义】比喻不知厉害，自取灭亡。告诫人要有自知之明。

◎ 独虎好擒，众怒难犯。

【释义】擒（qín）：捉拿。捉一只老虎容易，引起公愤就难办了。劝人做事不要违背大家的意愿。

◎ 端起金边碗，莫忘昔日难。

【释义】比喻生活富裕了，不要忘记过去生活困难的时候。

◎ 恶狗咬人不露牙，毒蛇口中吐莲花。

【释义】比喻坏人往往不露声色，假装慈善，说一些好听的话。

◎ 翻车的都是好把势。

【释义】把势：精于某种技术的人。比喻有本事的人往往因为过于自信，疏忽大意，最后导致失败。

◎ 烦恼不寻人，人自寻烦恼。

【释义】指烦恼都是人自找的。告诫人应心胸开阔。

◎ 防在前头，少吃苦头。

【释义】说明凡事从最坏的情况着眼，事先做好防范，就可以少吃苦受罪。

◎ 放虎归山，必有后患。

【释义】后患：遗留下来的祸害。指放纵坏人会造成不良后果。

◎ 放起灯芯火，能烧万重山。

【释义】比喻微小的隐患可能引发大的灾难。

◎ 风平浪静不丢桨，形势大好不丢枪。

【释义】告诫人们在和平的环境里也要加强戒备，不要放松警惕性。

◎ 福缘善庆，祸因恶积。

【释义】缘（yuán）：因为。指福运是因多做好事带来的，灾祸是因常干坏事造成的。

◎ 弓硬弦常断，人强祸必随。

【释义】指性格倔强、争强好胜的人易惹祸。

◎ 瓜田不纳履，李下不整冠。

【释义】履（lǚ）：鞋。冠：帽。在瓜田里，不要弯下腰提鞋子；在李树下，不要抬手整理帽子。比喻做事要注意细节，尽量避免让人产生误会。

◎ 害人之心不可有，防人之心不可无。

【释义】说明为人不要存害人之心，但要提防敌对的人加害于自己。

◎ 害人终害己。

【释义】指陷害别人最终会害了自己。告诫不要有害人之心。

◎ 好话难劝糊涂人。

【释义】糊涂：不明事理；对事物的认识模糊或混乱。指不明事理的人很难劝说。

◎ 好借好还，再借不难。

【释义】指借人财物要及时归还，再借就容易了。

◎ 好言不听，祸必临身。

【释义】指不听好言相劝，迟早会有坏事临头。

◎ 虎心隔毛皮，人心隔肚皮。

【释义】比喻人心难测。

◎ 祸不入慎家之门。

【释义】慎（shèn）：谨慎。指谨慎小心的人不会遭受祸患。

◎ 祸到临头后悔迟。

【释义】临头：落到身上。指灾祸临头再后悔就来不及了。

◎ 祸由恶作，福自德生。

【释义】作恶多端必然要招来祸患，积德扬善最终会得到幸福。

◎ 积善逢善，积恶逢恶。

【释义】多做好事，会得到好的回报；多做坏事，就会受到相应的惩罚。

◎ 积善三年人不知，作恶一时传千里。

【释义】说明做好事不易为人所知，做坏事却很容易传扬开去。劝人不可做坏事。

◎ 急水滩头不要紧，慢水塘里溺死人。

【释义】溺（nì）：淹没在水里。说明人们麻痹大意的时候，往往是最容易发生危险的时候。

◎ 家里没腥，野猫不进。

【释义】比喻如果内部没有问题，外边的人就不会进来干坏事。

◎ 酒壶虽小胜大海，淹死多少贪杯人。

【释义】说明饮酒过量伤身体，甚至送命。告诫人们切莫贪杯。也指历来不少人因贪婪而导致身败名裂。

◎ 君子动口，小人动手。

【释义】小人：指人格卑鄙的人。发生争执时，品行好的人以理服人，卑劣小人则用武力压人。

◎ 看错了路好回头，看错了人吃苦头。

【释义】指路走错了可以回头再走，看人看错了就会自讨苦吃。

◎ 靠山吃山，靠水吃水。

【释义】指要依靠自己所在地的客观条件，因地制宜地发展生产，搞好生活。

◎ 克己然后制怒，顺理然后忌怒。

【释义】说明只要能自我克制，就不会乱发脾气；只要能把道理想通了，也就不会生气了。

◎ 苦海无边，回头是岸。

【释义】原为佛教用语，意思是只要彻底觉悟，就能从无尽的苦难之中解脱出来。后比喻罪恶虽大，只要悔改，便有出路。多用于劝人弃恶从善。

◎ 亏人是祸，饶人是福。

【释义】亏：亏负。饶（ráo）：饶恕；宽容。指待人宽容大度，不做亏负他人的事，才能避祸得福。

◎ 来者不善，善者不来。

【释义】指来人不怀好意，要提高警惕，多加防范。

◎ 狼吃人可躲，人害人难防。

【释义】指防范居心害人的人比较困难。告诫人们要加强自我防范意识。

◎ 老鼠急了会咬猫。

【释义】比喻人如果急了会作出反常的、不计后果的举动来。告诫不要强迫他人。

◎ 篱笆关得紧，野狗钻不进。

【释义】比喻只要加强防范，坏人就钻不了空子。强调防范的重要性。

◎ 力微休负重，言轻莫劝人。

【释义】指力气小就不要承担重担，说话不被人重视就不要规劝别人。告诫人要有自知之明。

◎ 临崖勒马收缰晚，船到江心补漏迟。

【释义】勒（lè）：收住缰绳不让马前进。比喻事情已发展到危急关头，无法挽救。

◎ 领头的雁儿遭枪打，出头的椽子遭雨淋。

【释义】椽子（chuán·zi）：放在檩上架着屋面板和瓦的木条。比喻爱出风头的人容易遭受打击。

◎ 露丑不如藏拙。

【释义】拙（zhuō）：笨；笨拙。说明与其在人前丢丑，不如让自己的拙笨藏而不露。

◎ 路边长荆棘，绊倒大意人。

【释义】荆棘（jīngjí）：泛指山野丛生的带刺小灌木。大意：疏忽；不注意。说明麻痹大意的人做事容易出问题。

◎ 路逢窄处须防剑。

【释义】比喻处于非常状态的情况下，尤其要警惕事态的突变。

◎ 马上不知马下苦，饱汉不知饿汉饥。

【释义】比喻条件优越的人体会不到条件差的人的苦处。告诫人们遇事要设身处地为别人想想。

◎ 马踏软地易失蹄，人听甜言易入迷。

【释义】失蹄：前蹄闪失而向前倾倒。指人往往在甜言蜜语面前迷失方向，丧失警惕。告诫人们要时刻保持清醒的头脑。

◎ 蚂蚁洞虽小，能溃千里堤。

【释义】溃（kuì）：（水）冲破（堤坝）。比喻小毛病不纠正会酿成大祸。

◎ 买了便宜柴，烧了夹底锅。

【释义】夹底锅：指底部有两层厚的锅。比喻贪小利会吃大亏。

◎ 猫急上树，狗急跳墙。

【释义】比喻人被逼急了会不顾一切地铤而走险。告诫人们不要强逼他人。

◎ 毛毛细雨湿衣裳，小事不防上大当。

【释义】比喻出现小问题而不注意防范就会酿成大错。告诫人们要防微杜渐。

◎ 美酒饮到微醉后，好花看到半开时。

【释义】比喻做事要把握好分寸，恰到好处，适可而止。

◎ 猛虎尚有打盹时，骏马也会失前蹄。

【释义】尚：还。打盹：小睡。比喻再精明能干的人也难免有疏忽大意的时候。

◎ 明枪易躲，暗箭难防。

【释义】比喻正面的攻击较容易对付，暗中伤人的行为或诡计则难以防范。

◎ 莫瞒天地莫瞒心，心不瞒人祸不侵。

【释义】说明不自欺欺人，不做昧心事，灾祸就不会降临。

◎ 莫拿野狼当猎狗，别把坏蛋当朋友。

【释义】告诫人们要分清好坏，不要认敌为友。

◎ 莫信直中直，须防人不仁。

【释义】直：正直。仁：仁爱。指不要轻信伪装正直的所谓正人君子，要提防暗中害人的不义之人。

◎ 木朽虫生，墙裂蚁入。

【释义】比喻祸患的发生总是由内部原因引起的。也指自身有弱点，别人才能乘虚而入。

◎ 泥鳅滑难捉，坏人心难摸。

【释义】指坏人狡猾奸诈，难以捉摸。

◎ 逆风点火自烧身。

【释义】比喻自己因违反常理而惹祸，只能自作自受。

◎ 年年防歉，夜夜防贼。

【释义】歉（qiàn）：收成不好。年年提防歉收，天天防备小偷。劝人要有忧患意识，有备无患。

◎ 年轻不晒背，老来要受罪。

【释义】晒背：背向太阳，这里指参加体力劳动。说明年轻时不好好劳动，苦学本领，到了老年就要吃苦受难。

◎ 年轻多吃苦，年老多享福。

【释义】年轻时多吃点苦，经受磨难，到了老年就会得到回报，生活幸福。

◎ 鸟怕暗箭，人怕甜言。

【释义】鸟往往死在暗箭上，人往往因听信甜言蜜语而上当受骗。说明听信甜言蜜语的人，容易上当受骗。

◎ 宁可信其有，不可信其无。

【释义】指对于情况不明、难以确定的事情，宁可相信它的存在，也不要轻易否定。

◎ 宁走十里远，不涉一步险。

【释义】指不要为了省事省力图方便而去做冒险的事。

◎ 攀得越高，跌得越重。

【释义】攀（pān）：爬。跌（diē）：摔倒。比喻不择手段追逐个人地位的人爬得越高，失败得越惨。

◎ 骗人骗自己，害人害自己。

【释义】欺骗别人最终是欺骗自己，坑害别人最终是坑害自己。说明欺骗人、坑害人的人没有好下场。

◎ 平生不做亏心事，世上应无切齿人。

【释义】切齿：咬紧牙关，形容非常愤恨。指如果一辈子不做坏事，世界上就没有恨你的人了。

◎ 平时不烧香，急来抱佛脚。

【释义】平时不积德行善，等急难临头才去求佛保佑。比喻平时不做准备，事到临头就慌了手脚。

◎ 破衣藏虱，破屋藏贼。

【释义】说明破旧不堪的地方容易藏污纳垢。也比喻有漏洞的地方，容易被坏人钻空子。

◎ 千防万防，家贼难防。

【释义】比喻内部隐藏的坏人最难防范。

◎ 千里之差，兴自毫端。

【释义】毫端：毫毛的梢，比喻极细微的部分。说明大的差错是由微小处开始的。

◎ 前车之覆，后车之鉴。

【释义】覆（fù）：底朝上翻过来。鉴（jiàn）：镜子。前面的车子翻了，后面的车子可引以为鉴。比喻先前的失败，可以作为以后的教训。

◎ 前留三步好走，后留三步好退。

【释义】劝人做事要留有余地。

◎ 前人失脚，后人把滑。

【释义】指前面的人出现闪失，后面的人就会引以为戒。

◎ 前晌打伞遮不了后晌的雨。

【释义】前晌：前半天。后晌：后半天。比喻时过境迁，前面做的事情，无助于解决后面出现的问题。

◎ 前事不忘，后事之师。

【释义】师：师表；榜样。指记取先前的经验教训，可作为以后行事的借鉴。告诫人们不要忘记从前的经验教训。

◎ 前有车，后有辙。

【释义】辙（zhé）：车轮压出的痕迹。比喻前人的行为可以作为后人的借鉴。

◎ 强中更有强中手，莫在人前夸大口。

【释义】指人的本领再大，也不要自吹自夸，因为还有本领更大的人。

◎ 强中更有强中手，能人背后有能人。

【释义】指人的本领再大，能力再强也不要自高自大，因为还有更有本事的人。

◎ 人为一口气，丢了十亩地。

【释义】指有的人往往为了争强好胜而遭受更大的损失。

◎ 人无害虎心，虎有伤人意。

【释义】比喻你不存心害人，别人却存心要害你。多指对恶人或坏人要小心提防，以免被伤害。

◎ 人无远虑，必有近忧。

【释义】虑：思虑；谋划。人对事情如果没有长远周到的考虑，便会招来眼前的忧患。劝诫人们为人处世要有远大的目光。

◎ 人心难测，海水难量。

【释义】比喻人的心思难以估量。告诫不可轻信他人。

◎ 人言未必真，听言听三分。

【释义】指别人说的话不见得真实可信，听话只能听一部分。

◎ 人有旦夕之灾，马有转缰之病。

【释义】旦夕：早晨和晚上，比喻短时间。缰（jiāng）：缰绳，牵牲口的绳子。比喻人随时随地都可能面临灾祸。提示应时刻保持警惕。

◎ 人有心病，猫叫心惊。

【释义】指人如果做了亏心事，往往对外界的任何动静都会感到心惊肉跳。

◎ “忍”字头上一把刀，不忍分明把祸招。

【释义】指遇事不能忍让必然会招灾惹祸。

◎ “忍”字头上一把刀，忍得住来是英豪。

【释义】说明关键时刻能忍耐而不失态是英雄豪杰的非凡气质。

◎ 忍得一时忿，终身无烦闷。

【释义】忿（fèn）：同“愤”，因不满而情绪激动；发怒。指遇到不顺心的事能冷静，不发怒，就不会有烦恼和苦闷。

◎ 肉腐生虫，木烂生蛀。

【释义】腐烂的东西容易生蛀虫。比喻内部腐败则很容易遭受外界的侵害。

◎ 入山不怕伤人虎，只怕人情两面刀。

【释义】两面三刀的人比凶猛的老虎更厉害。比喻两面三刀的小人最可怕。

◎ 入山不畏虎，当路却防人。

【释义】进山可以不怕老虎，在路上却要防备坏人的暗算。指人心难测，随时要加以提防。

◎ 山外青山楼外楼，更有能人在前头。

【释义】指人的本领再大，也不要自吹自夸，因为还有本领更大的人。

◎ 山瘦马，怒苦身。

【释义】跑山路最能把马累瘦，常发怒最容易伤害身体。劝人注意制怒。

◎ 善不可失，恶不可长。

【释义】指好的不要失去，坏的不能让其滋长。

◎ 善恶报应，如影随形。

【释义】报应：佛教用语。原指种善因得善果，种恶因得恶果；后专指种恶因得恶果。喻指做好事总会得到好的回报，做坏事必将受到应有的惩罚。

◎ 善恶到头终有报，远走高飞也难逃。

【释义】指做了好事或是坏事最终都会有报应，逃是逃不掉的。

◎ 善恶昭彰，如影随形。

【释义】昭彰（zhāozhāng）：明白；明显。指善恶分明，终有报应，难以逃脱。

◎ 善久必扬，恶久必亡。

【释义】扬：传播出去。指好事做久了，定会宣扬开去；坏事做多了，总要身败名裂。

◎ 善游者溺，善骑者堕。

【释义】溺（nì）：淹没在水里。堕（duò）：落；掉。善于游泳的人往往会溺水而死，善于骑马的人常常会从马背上摔下来。比喻擅长某种本领的人如果疏忽大意，掉以轻心，也会招致灾祸。

◎ 善有善报，恶有恶报；不是不报，时候未到。

【释义】指做了好事或是坏事最终都会有报应，只是时间有早有晚而已。劝诫人不要做坏事。

◎ 善者福，恶者祸。

【释义】指善良的人会有福运，作恶的人会招来灾祸。

◎ 上当学乖，吃亏学能。

【释义】乖：伶俐；机警。吃亏：受损失。能：能力；才干。指人吃亏上当后接受教训，会变得机警能干起来。

◎ 上路先找同伴，造屋先找邻居。

【释义】指出门远行首先要找好同路人，修建住宅首先要挑选好邻居。告诫人们做事前就应做好准备。

◎ 身上有屎，狗跟踪。

【释义】踪（zōng）：脚印；踪迹。比喻自身有弱点的人容易被坏人利用。劝诫人应该自律。

◎ 事大事小，到眼前就了。

【释义】指无论事情是大是小，到时候自然会了结。劝人遇事要想得开，不必过于烦心。

◎ 势不可使尽，福不可享尽，便宜不可占尽，聪明不可用尽。

【释义】势：势力；权力。指凡事要留有余地，不可做得太过分。

◎ 是非终日有，不听自然无。

【释义】终日：从早到晚；整天。指惹是生非的闲言碎语天天都有，不去听信自然也就没有了。告诫人们不要听信闲言碎语，自寻烦恼。

◎ 瘦狗莫踢，病马莫骑。

【释义】告诫人们不要欺侮弱者。

◎ 树大招风，人狂招祸。

【释义】比喻狂妄自大的人容易招灾惹祸。

◎ 树荆棘得刺，树桃李得阴。

【释义】树：种植；栽培。荆棘（jīngjí）：泛指山野丛生的带刺的小灌木。比喻做坏事有恶报，做好事有善果。

◎ 摔了一个跤，买了个明白。

【释义】比喻经历一次挫折，能长一番见识。

◎ 顺风行船船易翻。

【释义】指人处于顺境中往往容易丧失警惕，导致失败。

◎ 抬得越高，跌得越重。

【释义】跌（diē）：摔倒。比喻被人吹捧得越厉害，遭受的失败就越惨重。

◎ 贪食的鱼儿易上钩。

【释义】比喻贪图一时痛快的人容易上别人的圈套。

◎ 贪糖坏齿，甜言夺志。

【释义】贪吃糖果会损坏牙齿，听信甜言蜜语会丧失志气。劝人提高警惕，不要被别人的甜言蜜语所迷惑。

◎ 贪心烦恼多，知足身常乐。

【释义】贪心的人患得患失，会增加烦恼；知足的人无欲无求，会身心快乐。劝人要知足常乐。

◎ 天暴有雨落，人暴招灾祸。

【释义】天发怒就要打雷下雨，人发脾气就会惹麻烦。劝人处事要冷静，不要急躁。

◎ 天有不测风云，人有旦夕祸福。

【释义】风云：风和云。旦夕：早晨和晚上，比喻短时间。比喻人随时都可能遭受难以预料的灾祸。告诫人遇事应小心。

◎ 铁怕落炉，人怕落套。

【释义】套：圈套。比喻人怕落入别人的圈套。

◎ 听传言，失江山。

【释义】指听信流言飞语就会造成重大损失。

◎ 玩火者必自焚。

【释义】焚（fén）：烧。玩弄火的人必然会被火烧死。比喻铤而走险的人最终会害了自己。

◎ 习善则善，习恶则恶。

【释义】习：学习。经常学好就会变好，经常学坏就会变坏。

◎ 小病不治成大病，小洞不补大堤崩。

【释义】比喻出现小问题不及时采取措施补救，任其发展下去会酿成大问题，造成大的损失。

◎ 小洞不补，大洞吃苦。

【释义】比喻问题虽小，如不及时补救，发展下去就会难以收拾。

◎ 小时不防，大了跳墙。

【释义】跳墙：喻指做贼。小时候不提防学坏，长大了就会做贼。指教育孩子要防微杜渐，从小抓起。

◎ 小雨久下会成灾。

【释义】比喻小问题久拖不解决，也会演变成大问题。

◎ 鞋打尖处烂，绳打细处断。

【释义】打：从。比喻问题或事故往往出自薄弱的环节或部位。

◎ 星星之火，可以燎原。

【释义】星星：细小的点，形容微小。燎原（liáoyuán）：火烧原野。小火星可以燃烧整个原野。比喻微小而有生命力的事物有广阔的发展前途。也指小的隐患不除，会酿成大的祸患而不可收拾。

◎ 行船最怕顶头风。

【释义】顶头风：迎面吹来的风。比喻做事最担心的是遇到阻力。

◎ 行善得福，行恶得殃。

【释义】殃（yāng）：祸害。做好事会得到福运，做坏事会遭受祸殃。告诫人们应多做好事不做坏事。

◎ 眼睛不亮，到处上当。

【释义】指眼光不敏锐，认不清好人和坏人，就会处处上当受骗。

◎ 眼睛不识宝，灵芝当蒿草。

【释义】比喻眼力差，不识货，好坏不分。

◎ 痒处有虱，怕处有鬼。

【释义】比喻越是害怕的地方越是有问题。

◎ 一饱不能忘百饥。

【释义】告诫人们生活富足之时不要忘记过去忍饥挨饿的苦难生活。

◎ 一朝被蛇咬，三年怕井绳。

【释义】比喻一次遭受挫折，遇到类似情况就会心有余悸。

◎ 一根火柴棒，能烧大粮仓。

【释义】一根小小的火柴能引起大火，烧毁粮仓。告诫人们要注意防火。也比喻小隐患也会酿成大灾祸。

◎ 一人知识有限，众人知识无穷。

【释义】指一个人的知识毕竟有限，众人的知识却是无穷无尽的。劝人要谦虚。

◎ 一善改千恶。

【释义】强调一旦良心发现，心地变得善良起来，各种恶习都可以随之改变。

◎ 一时劝人以口，百世劝人以书。

【释义】口头劝导人只能劝人一时，著书立说来劝导人才可以长久。

◎ 一条小毛虫，能把树蛀空。

【释义】比喻小的祸患，如不及时消除会造成大的损失。

◎ 易涨易退山溪水，易反易复小人心。

【释义】小人：指人格卑鄙的人。比喻品格低下的人容易反复无常，不能轻信。

◎ 饮水不忘掘井人，吃米不忘种谷人。

【释义】告诫人们得到好处不要忘本，应饮水思源。

◎ 饮水要思源，幸福莫忘本。

【释义】比喻过上好日子不要忘本，要知恩图报。

◎ 幼时贪玩，老来提篮。

【释义】 提篮：这里指讨饭。指从小贪图玩乐，不思进取，到老也不会有出息。

◎ 欲成大事，必有小忍。

【释义】 指要成就大的事业必须在小事上忍耐。

◎ 愿穷三代，良心莫坏。

【释义】 宁愿世代受穷受苦，也不能丧失良心。告诫人们良心在任何时候都不能泯（mǐn）灭。

◎ 杂草不除田要荒，谎言不揭会上当。

【释义】 告诫人们要揭穿谎言，辨明真相，以免大家上当受骗。

◎ 早知今日，悔不当初。

【释义】 指早知道有今天的后果，后悔当初不该那样做。

◎ 斩草不除根，留个祸害根。

【释义】 比喻不彻底清除祸根，会留下后患。告诫人们要除恶务尽。

◎ 朝朝防火，夜夜防贼。

【释义】 对坏人坏事随时随地都要提高警惕。

◎ 知人知面不知心，知山知水不知深。

【释义】 比喻人心难测。劝诫不可轻信他人。

◎ 知足者常乐，能忍者身安。

【释义】 指知道满足的人经常都会很快乐，能够忍让的人自己也会很安宁。

◎ 只有大意吃亏，没有小心上当。

【释义】 大意：疏忽；不注意。指麻痹大意就要吃亏，谨慎小心就不会上当。

生活常识

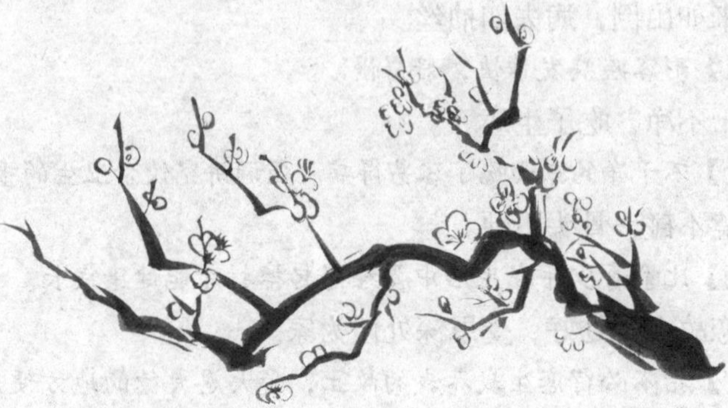

◎ 百病自有百药医。

【释义】说明各种不同的疾病都有相应的药物来医治。

◎ 饱不剃头，饿不洗澡。

【释义】指刚吃饱饭，不宜剃头，因长时间坐着不动，会影响食物消化；饥饿时，不宜洗澡，因洗澡时会消耗体力。

◎ 饱带干粮晴带伞，丰年也要防歉年。

【释义】丰年：农作物丰收的年头。歉年：收成不好的年头。比喻凡事要预先防备，做到有备无患。

◎ 鼻子底下就是路。

【释义】比喻人人有嘴，只要礼貌问路就能到达目的地。

◎ 别人的金屋银屋，不如自己的穷屋。

【释义】指别人家条件再优越，也比不上自己家里好。

◎ 病来如山倒，病去如抽丝。

【释义】形容疾病发作快，好得慢。

◎ 不干不净，吃了生病。

【释义】不干净的东西吃了容易得病。强调讲究饮食卫生的重要性。

◎ 不磕不碰，骨头不硬。

【释义】比喻青少年在生活中要经得起摔打才能健康成长。

◎ 不恋故乡生处好，受恩深处便为家。

【释义】指不必留恋生我养我的故土，受大恩大德的地方便是家。

◎ 不求虚胖，但求实壮。

【释义】说明身体又虚又胖不是好事，结实健壮的体格才是身体健康的标志。

◎ 不吸烟，不喝酒，病魔见了绕道走。

【释义】指不抽烟、不喝酒，就会减少疾病。说明吸烟酗酒对健康有害。

◎ 不笑补，不笑破，就笑日子不会过。

【释义】指衣服破了补好再穿别人不会见笑，不会过日子才会惹人笑话。

◎ 吃饭穿衣量家当。

【释义】量：衡量。家当：家产。说明吃穿要根据自己的经济条件来决定标准。也比喻办事要从实际出发，不要脱离客观条件。

◎ 吃饭穿衣，人人不离。

【释义】指吃饭穿衣是每个人最基本的生活需要。

◎ 吃饭带点糠，常年保健康。

【释义】糠：这里指粗粮。指食物不要吃得太精细，常吃一些粗粮对健康有益。

◎ 吃饭莫硬撑，锻炼莫玩命。

【释义】吃饭不宜过饱，锻炼不宜过猛。做事超过一定限度，对身体都会造成伤害。

◎ 吃饭先喝汤，不用开药方。

【释义】指吃饭前先喝点汤，能滋润肠胃，有利健康。

◎ 吃喝定量，身体强壮。

【释义】说明饮食定量，不暴饮暴食，对健康有益。

◎ 吃尽五味盐好，走遍江湖田好。

【释义】五味：指甜、酸、苦、辣、咸，泛指各种味道。比喻经过亲身体验，才知道生活中最普通、最基本的东西才是最宝贵的。

◎ 吃酒不吃菜，必定醉得快。

【释义】指空腹喝酒极易醉。

◎ 吃了省钱瓜，得了绞肠痧。

【释义】绞肠痧（jiǎochángshā）：中医指腹部剧痛、不吐不泻的霍乱。指图便宜吃变质的食物会使人生病。也比喻贪图便宜，坏了大事。

◎ 吃萝卜，喝热茶，大夫改行拿钉耙。

【释义】指常吃萝卜、常喝茶能减少疾病，增进健康。

◎ 吃千吃万，不如吃饭。

【释义】说明少吃零食，多吃饭菜，才有益于身体健康。

◎ 吃药不忌嘴，大夫跑断腿。

【释义】指生病后要遵医嘱，注意饮食禁忌，否则就很难治好。

◎ 吃药不瞒郎中。

【释义】郎中：方言，中医医生。指有病求医时不能隐瞒病情。

◎ 吃药不如自调养。

【释义】指生病后的自我调养比吃药更重要。

◎ 吃鱼不如打鱼的乐。

【释义】比喻劳动的过程比物质享受更使人快乐。

◎ 愁最伤人，忧易致病。

【释义】忧愁对人的精神伤害最大，最容易使人生病。

◎ 臭鱼烂虾，送命冤家。

【释义】指腐烂变质的东西不能吃，吃了要生病，甚至丧命。

◎ 出汗莫迎风，走路莫凹胸。

【释义】凹（āo）：低于周围（跟“凸”相对）。指出汗时，人体毛孔扩张，迎风易感冒；走路时，弯腰驼背会影响健康。

◎ 出门看天色，进门看脸色。

【释义】强调要适应自己的生存环境，就必须随时观察和注意周围发生的一切变化。

◎ 出门问路，入乡问俗。

【释义】指出门在外，要多向人请教，以免走弯路；身处异地，要了解当地的风俗习惯，以免犯禁忌。

◎ 穿衣戴帽，各有所好。

【释义】好（hào）：爱好。指每个人都各有各的爱好。

◎ 疮怕有名，病怕无名。

【释义】指有名的疮和说不出名的疑难杂症都不好医治。

◎ 春不减衣，秋不加帽。

【释义】指春天来了虽然天气转暖，但不应很快减少衣服，以免身体因突然减衣而受凉；秋天到了虽然天气逐渐变冷，但不必立刻穿得很多，甚至戴上帽子，以免降低身体的御寒能力。

◎春华秋实，各有其时。

【释义】华：古同“花”。实：果实。春天开花，秋天结果，各自都有其一定的时候。比喻事物的发展变化都有其自身的规律。

◎春捂秋冻，少生杂病。

【释义】春天天气转暖，但不要急于脱衣，要捂着点；秋天天气转凉，但不要急于加衣，要冻着点。这样，才有利于预防伤风感冒，增加抗寒能力，从而少生病。

◎打打太极拳，赛过活神仙。

【释义】说明打太极拳能强身健体，使生活过得轻松愉快。

◎大葱蘸酱，越吃越胖。

【释义】蘸（zhàn）：在液体、粉末或糊状的东西里沾一下就拿出来。指葱有杀菌作用且刺激食欲，黄酱富含蛋白质、脂肪，吃了对身体有好处。

◎大火开锅，小火焖饭。

【释义】指做饭时要先用大火把锅里的水烧开，再用文火把饭焖熟。

◎大嚼多噎，大走多跌。

【释义】噎（yē）：食物堵住食管。跌（diē）：摔倒。大口吃饭容易噎住，大步行走容易跌倒。比喻生活中做任何事都不要操之过急，否则容易出错。

◎单方一味，气煞名医。

【释义】单方：民间流传的药方。煞（shà）：极；很。指有些民间流传的药方，往往能治好一些连名医也束手无策的疑难杂症。

◎耽误一夜眠，十夜补不全。

【释义】强调夜晚睡眠十分重要，不要过多熬夜。

◎淡盐水喝三瓢，人添力气马长膘。

【释义】长膘（zhǎngbiāo）：上膘；长肉。说明多喝淡盐水对健康有益。

◎ 当家才知盐米贵，出门才晓路难行。

【释义】比喻只有当事者才知道做事的不易之处。

◎ 当用时万金不惜，不当用一文不费。

【释义】文：量词，用于旧时的铜钱。说明钱财该花的就花，不该花的一分钱也不要浪费。

◎ 刀剑天天舞，命长九十五。

【释义】指天天弄刀舞剑，坚持锻炼，会健康长寿。

◎ 地返潮，有雨到。

【释义】地面返潮说明湿气大，空气中水分含量增加，预示天要下雨。

◎ 东虹日头西虹雨。

【释义】虹：彩虹。天空中的小水珠经日光照射发生折射和反射作用而形成的弧形彩带。由外圈到内圈呈红、橙、黄、绿、蓝、靛、紫七种颜色。日头：太阳。这里是指东方出现彩虹预示天晴出太阳，西方出现彩虹预示将要下雨。

◎ 冬吃萝卜夏吃姜，不劳医生开药方。

【释义】萝卜富含维生素，冬天常吃可以理气通便；姜是调味品，夏天常吃对身体有好处。

◎ 冬练三九，夏练三伏。

【释义】三九：从冬至起每九天为一个“九”。三九是冬至后第十九天至第二十七天的一段时间，一般是一年中天气最冷的时期。三伏：初伏、中伏、末伏的统称。这一段时间，一般是一年中天气最热的时期。指体育锻炼不管是严寒的冬季或炎热的夏天，越是气候恶劣越要坚持。

◎ 冬天进补，春天打虎。

【释义】指冬天寒气重，吃些补品以调养身体，来年身体才壮实有力。

◎ 冻死闲人，饿死馋人。

【释义】指好吃懒做的人，必然受饥挨冻。

◎ 多去运动场，免得住病房。

【释义】说明经常参加体育运动可以少生病。

◎ 饿了吃糠甜如蜜，饱了吃蜜也不甜。

【释义】人在饥饿的时候，吃什么都觉得可口；吃饱了时，吃什么都没有滋味。比喻人处在不同的状况下对事物的感受也会截然不同。

◎ 二八月乱穿衣。

【释义】二八月：指农历二月和八月。二月和八月是春秋两季冷热变化无常的时期，衣服时增时减，更换频繁。

◎ 二月二，龙抬头。

【释义】二月二：指农历二月初二，正是惊蛰前后，天气转暖。龙抬头：比喻冬眠的动物开始活动。指农历二月初二，天气变暖，万物复苏，大地回春。

◎ 返老还童求仙丹，不如早上跑三圈。

【释义】指早晨跑步对增强体质、健身益寿很有好处。

◎ 饭菜嚼成浆，身体必健康。

【释义】指吃饭细嚼慢咽，有助于消化吸收，对身体健康有益。

◎ 饭后喝口汤，强似开药方。

【释义】指饭后喝汤，可以促进食物消化，对身体有好处。

◎ 饭后躺一躺，不长半斤长四两。

【释义】指吃完饭就躺下，容易使人肥胖，对身体没有好处。

◎ 饭前洗洗手，饭后漱漱口。

【释义】指饭前洗手，饭后漱口是一种良好的卫生习惯，坚持去做，能预防和减少肠胃和口腔疾病。

◎ 饭食宜吃暖，衣服要穿宽。

【释义】指不吃冷菜冷饭，不穿过紧的衣服，有益身体健康。

◎ 饭养身，歌养心。

【释义】吃饭能养身体，而唱歌可使心情舒畅，对身心健康大有裨益。

◎ 各人洗面各人光。

【释义】比喻自己做事自己受益。

◎ 汗水浇，百病消。

【释义】说明经常参加体力劳动能增强体质，减少疾病。

◎ 好衣穿个服帖，好饭吃个合适。

【释义】服帖（fútiē）：妥当。指穿衣吃饭自己觉得舒服妥当就行，而不是一味地追求高标准。

◎ 喝茶一杯，精神百倍。

【释义】茶中含有能刺激人神经兴奋的物质，饮茶后会使人精神振作。

◎ 欢乐嫌夜短，愁苦恨更长。

【释义】嫌：嫌怨。更（gēng）：旧时一夜分为五更，每更大约两小时。快乐的时候嫌夜间太短，苦闷的时候怨夜间太长。比喻人的心境不同对事物的感受也不一样。

◎ 祸从口出，病从口入。

【释义】指惹祸往往是由于说话不慎，生病常常是由于饮食不当。告诫人们要慎言语、讲卫生。

◎ 饥不饥带干粮，冷不冷带衣裳。

【释义】干粮：预先做好的供外出食用的干的主食。指出门远行要带上干粮和衣物等生活必需品，以备不时之需。

◎ 饥不择食，寒不择衣，慌不择路，贫不择妻。

【释义】择：选择。比喻人在急需某样东西的时候，对所需之物就顾不上选择了。

◎ 饥者易为食，渴者易为饮。

【释义】饥渴的人不挑吃挑喝。比喻处境困难的人容易满足。

◎ 夹雨夹雪，无休无歇。

【释义】指下雨天如出现夹带下雪的现象，则预示天气短期难以转晴。

◎ 家不严招贼，人不严招险。

【释义】说明一个家庭如果不严格管理就会招来盗贼，一个人如果不严格要求自己就会招来危险。

◎ 家丑不可外扬。

【释义】家丑：家庭内部不体面的事情。扬：张扬。指家中不体面的事不能张扬出去，以免被人笑话。

◎ 家和万事兴。

【释义】家庭团结和睦，就会事事兴旺。

◎ 家里事，家里了。

【释义】指内部出了问题，要在内部解决。

◎ 家庭怕三漏：锅漏、屋漏、人漏。

【释义】指一个家庭最怕的是浪费、贫穷和人心涣散。

◎ 家有千金，不如日进分文。

【释义】分文：指很少的钱。指家里钱财再多，也不如天天有点收益。

◎ 家有千万，小处不可不算。

【释义】家里钱财再多，过日子也要从细小处精打细算。

◎ 家有万贯，不如出个硬汉。

【释义】贯（guàn）：旧时的制钱，用绳子穿上，每一千个叫一贯。指家里有一个非常能干的人比什么财富都宝贵。

◎ 家有一心，有钱买金；家有二心，无钱买针。

【释义】指全家人团结一心就能致富；如果心不齐，就会穷得连针都买不起。

◎ 今夜露水重，明天太阳红。

【释义】露水一般在风小、天空晴朗少云时才能形成，所以晚上露水重时第二天一定阳光灿烂。

◎ 今夜日没乌云洞，明朝晒得背上痛。

【释义】指今天傍晚如果太阳落入乌云里，预示明天是晴天，日照非常强烈。

◎ 精神振奋，病减三分。

【释义】说明疾病与精神情绪有很大关系，精神好、心情好，疾病就会减轻。

◎ 久晴大雾阴，久阴大雾晴。

【释义】晴天多了遇大雾，说明空气湿度增加，预示天要转阴；阴天多了遇大雾，说明阴云渐散，预示天要转晴。

◎ 久雨闻鸟声，不久天转晴。

【释义】久雨之后听到鸟叫，说明天空气压升高，空气湿度降低，适于鸟儿出巢飞翔。这是天气转晴的征兆。

◎ 酒要少吃，事要多知。

【释义】告诫人们，酒要少喝，才有益于健康；事理要多知晓，才使人变得聪明。

◎ 旧的不去，新的不来。

【释义】说明旧的东西不抛弃，新的东西就不会添置。

◎ 苦尽自有甜来到。

【释义】指苦日子结束了，好日子就会到来。

◎ 快走滑路慢走桥。

【释义】遇到滑路要快步急行，遇到小桥要稳步前进。

◎ 腊七腊八，冻掉下巴。

【释义】腊七腊八：农历十二月初七初八，一年中最冷的日子之一。形容腊七腊八这两天特别冷。

◎ 劳动壮筋骨，无病便是福。

【释义】说明体力劳动能强壮身体，而人不生病就是最好的福气。

◎ 乐观出少年。

【释义】指精神愉快、心情开朗可以延缓衰老，使人显得年轻。

◎ 雷公先唱歌，下雨也不多。

【释义】雷公：神话中管打雷的神。指未落雨先打雷，一般不会下大雨。

◎ 冷在三九，热在三伏。

【释义】三九：冬至后第十九天至第二十七天的一段时间，一般是一年中最冷的时候。三伏：初伏、中伏、末伏的统称，是一年中最热的时期。说明一年中三九天最冷，三伏天最热。

◎ 立如松，坐如钟，卧如弓。

【释义】立如松：站立时要像松树一样挺直。坐如钟：坐时要像钟一样端正。卧如弓：睡卧时两腿自然弯曲呈弓形。指正确的坐、立、卧姿势对生长发育和身体健康非常重要。

◎ 凉九暖三，注意衣衫。

【释义】指农历九月天气渐凉，阳春三月气候变暖，在冷热交替变化中，要注意增减衣服。

◎ 烈火炼金刚，运动保健康。

【释义】说明加强体育锻炼可以保障身体的健康。

◎ 灵丹妙药灵芝草，不如天天练长跑。

【释义】说明运动对增进健康很重要。

◎ 六神不定，非灾即病。

【释义】六神：古人指主宰心、肺、肝、肾、脾、胆六脏之神，泛指心神。指人的精神如果长期处于压抑不协调的状态中，就一定会生病。

◎ 蚂蚁搬家蛇过道，明日必有大雨到。

【释义】指蚂蚁纷纷搬家，群蛇出洞在路上乱爬，说明天气潮湿，空气湿度加大，来日可能下大雨。

◎ 慢病在养，急病在治。

【释义】指得了慢性病重在调养，患了急性病重在医治。

◎ 莫饮卯时酒，莫贪酉时饭。

【释义】卯时：旧时计时法指早上五点至七点的时间。酉时：旧时计时法指下午五点至七点的时间。指早晨不宜空腹饮酒，晚上不要吃得过饱。

◎ 恼一恼，老一老；笑一笑，十年少。

【释义】说明烦恼苦闷有损健康，容易使人衰老；乐观开朗有益健康，容易使人显得年轻。

◎ 年轻跳跳蹦蹦，到老没病没痛。

【释义】年轻时多参加文体活动，为增强体质打好基础，年纪大了可减少疾病。

◎ 鸟美在飞行，人美在运动。

【释义】指鸟在飞行中最能展示鸟的风姿，人在运动中最能展示人体美。

◎ 宁吃开心粥，不吃皱眉饭。

【释义】皱眉：意指愁眉苦脸。宁可心情舒畅地过穷日子，也不愿愁眉苦脸地过富日子。

◎ 宁吃鲜桃一口，不吃烂杏一筐。

【释义】比喻宁可少而精，不可多而滥。

◎ 宁可三月无荤，不可一日无菜。

【释义】荤食可以少吃，但蔬菜却必不可少。强调多吃蔬菜有宜健康。

◎ 宁可算了吃，不可吃了算。

【释义】强调居家过日子要有计划。

◎ 宁可无了有，不可有了无。

【释义】指由穷到富的日子好过，由富到穷的日子难挨。

◎ 宁可与人比种田，不可与人赛过年。

【释义】劝人要在劳动生产中争高低，不要在吃喝玩乐上比富有。

◎ 宁学蚂蚁腿，勿学麻雀嘴。

【释义】勿（wù）：这里指不要。比喻人的腿脚应该多活动，但嘴不可以像麻雀一样不停地乱吃。

◎ 牛吃稻草马吃谷，各人自有各人福。

【释义】指各人境况虽然不同，但各有各的生活乐趣。

◎ 气大不养人。

【释义】指经常生气不利于身体健康。

◎ 千方易得，一效难求。

【释义】方：这里指药方。指普通的药方容易得到，但治病奏效的药方却很难找到。

◎ 钱能成事，也能坏事。

【释义】指有了钱能办很多事，但钱过多或者使用不当也会给人带来灾祸。

◎ 强身之道，锻炼为妙。

【释义】说明加强体育锻炼是强身健体的最好的办法。

◎ 勤吃药，不如勤洗脚。

【释义】说明经常洗脚对身体健康有益。

◎ 勤穿勤脱，强似吃药。

【释义】指随着季节和天气变化而不断增减衣服，可以防止着凉或中暑，不容易生病。

◎ 清晨宝塔云，下午雨倾盆。

【释义】指如果早晨天空出现宝塔状的云彩，则预示下午将有倾盆大雨。

◎ 晴天铺好路，雨天不踩泥。

【释义】指平时做好准备，用得着时就方便。

◎ 穷不信命，病不信鬼。

【释义】指家境贫困时不要相信是命中注定；生了病应及时求医，而不要迷信鬼神。

◎ 热不走路，冷不坐街。

【释义】指盛夏炎热天气，不宜在户外行走；数九寒天不宜冷坐街头，否则有损身体健康。

◎ 热生风，冷下雨。

【释义】指天气热时，空气受热膨胀上升，因空气对流而生风；而热气团高空遇冷时，便会凝结成云而降雨。

◎ 热水烫脚，强似吃药。

【释义】胜似：胜过；超过。指坚持每天用热水烫脚，就相当于吃了很多补药。说明热水泡脚对祛病健身大有好处。

◎ 人穿色衣添俏丽，马配新鞍长壮雄。

【释义】人穿着颜色鲜艳的衣服会更显漂亮；马配上新鞍会更添雄姿。

◎ 人靠衣裳马靠鞍。

【释义】指人要打扮得漂亮离不开得体的衣着。

◎ 人生无处不青山。

【释义】青山：喻指美好的地方。指人生在世，四海为家，走到哪里都能愉快地生活。

◎ 人是三节草，不知哪节好。

【释义】比喻人的命运或生存环境变化无常，不知何时变坏，何时变好。

◎ 人是铁，饭是钢，一顿不吃心发慌。

【释义】说明人吃了饭才有力气。

◎ 人是一盘磨，睡着就不饿。

【释义】说明人睡觉时消耗少，可以减轻饥饿感，就像石磨一样，停止运转就不必再添加料了。

◎ 人望幸福树望春。

【释义】说明人总是充满对幸福生活的向往，就像树木渴望春天的来临一样。

◎ 人无气势精神减，囊少金钱应对难。

【释义】囊（náng）：口袋。说明人如果缺乏气势就会萎靡不振，口袋里没有钱遇事就难应对。

◎ 人无千日计，到老一场空。

【释义】说明人没有长远打算，到老一切都会落空。

◎ 人行千里，处处为家。

【释义】指人远离故土，四海为家。

◎ 人有前后眼，富贵一千年。

【释义】指做事能有长远计划，就能永远过好日子。

◎ 人有四百病，药有八百方。

【释义】方：药方。人有各种各样的疾病，治病的药方也多种多样。说明有什么样的病就有什么样的药可以医治，不必为生了病而犯愁。

◎ 人在福中不知福，船在水中不知流。

【释义】说明人生活在幸福之中，往往自己感觉不到。

◎ “忍”字家中宝。

【释义】指一家人之间不免有些小矛盾、小摩擦，要相互忍让，才能和睦相处。

◎ 日光、空气和清水，锻炼身体三件宝。

【释义】指锻炼身体的三大法宝是：多晒阳光，多呼吸新鲜空气，多喝水。

◎ 日计不足，岁计有余。

【释义】指每天算来没有多少节余，一年到头算来就很可观。

◎ 日落胭脂红，没雨也有风。

【释义】说明太阳落山的时候，如果天空云彩呈胭脂红色，则晚上可能有风雨。

◎ 日晕三更雨，月晕午时风。

【释义】日晕：太阳周围的彩色光环，内红外紫。月晕：月亮周围的彩色光环，内红外紫。日晕、月晕常被认为是天气变化的预兆。指天有日晕则半夜下雨，天有月晕则中午刮风。

◎ 日子若要过得好，老少三辈无大小。

【释义】指家庭要和睦愉快，一家老少要平等相待。

◎ 若要健，日日练。

【释义】指要想身体健康，必须坚持天天锻炼。

◎ 若要身体壮，饭菜嚼成浆。

【释义】说明吃饭细嚼慢咽对增进身体健康有益。

◎ 若要小儿安，常带三分饥与寒。

【释义】指要使小孩平安健壮，不要吃得过饱、穿得太多。

◎ 三百六十行，行行吃饭着衣裳。

【释义】指不管干哪行，都要解决生活问题。

◎ 三餐莫过饱，健康活到老。

【释义】说明一日三餐不要吃得过饱，可以健康长寿。

◎ 三分吃药，七分调养。

【释义】调养：调节饮食起居，使身体恢复健康。指对某些病人来说，调养比吃药更重要。

◎ 三分人样，七分打扮。

【释义】说明穿着打扮可以改变人的形象，使人看起来更精神。

◎ 三月三，脱去棉衣换单衫。

【释义】指到了农历三月，天气转暖，可以脱掉冬装了。

◎ 山头戴帽，平地淹灶。

【释义】戴帽：喻指山顶云雾笼罩。指山顶有云雾笼罩，预示大雨将要来临。

◎ 上床萝卜下床姜。

【释义】指晚饭吃萝卜，早餐用生姜佐餐，有益身体健康。

◎ 少吃多滋味，贪吃坏肚皮。

【释义】指吃得少就感到有滋有味，吃得过饱就会伤害肠胃。

◎ 身安抵万金。

【释义】抵（dǐ）：顶得上。说明身体安康十分可贵。

◎ 身体锻炼好，八十不服老。

【释义】说明锻炼身体能推迟衰老，延长寿命。

◎ 身在福中要知福。

【释义】指置身于幸福生活之中要感到满足。

◎ 神丹圣水全无真，巫婆治病坑死人。

【释义】指巫婆装神弄鬼的一套治病把戏全是假的，弄不好要害死人。

◎ 生瓜梨枣，多吃不好。

【释义】指生冷的瓜果吃多了对肠胃有害，不宜多吃。

◎ 生气催人老，快乐变年少。

【释义】说明生气苦闷容易加速衰老，乐观开朗会使人越活越年轻。

◎ 绳捆三道紧，账算三遍稳。

【释义】比喻账要多算几遍才稳妥。

◎ 十层单不如一层棉。

【释义】说明单衣穿得再多也不如穿棉衣暖和。

◎ 十雾九晴天。

【释义】十个有雾的天气有九个都会是晴天。说明早晨有雾，当天大多是晴天。

◎ 识得八角莲，可与蛇共眠。

【释义】八角莲：一种植物，药用可解毒消肿，民间用来治疗毒蛇咬伤。说明八角莲是治疗蛇伤的良药。

◎ 食不言，寝不语。

【释义】吃饭时不要说话，以免影响肠胃消化；睡觉前不要言语，以免大脑兴奋，影响入睡。

◎ 食尽鸟投林。

【释义】比喻此处缺乏生存条件就投奔别处。

◎ 事要多知，酒要少吃。

【释义】指多了解事物，少喝酒，对人有益。

◎ 手舞足蹈，九十不老。

【释义】说明人经常运动可健康长寿。

◎ 蔬菜是一宝，赛过灵芝草。

【释义】说明多吃蔬菜对增进身体健康有极大好处。

◎ 树挪死，人挪活。

【释义】挪（nuó）：移动。树挪动会死掉，而人换一个环境会有新的机遇和生存空间，情况就会大为改观。

◎ 树怕皮薄，人怕体弱。

【释义】说明如果人的体质虚弱，就难免百病缠身。

◎水停百日生毒，人停百日生病。

【释义】水长时间不流动就会滋生细菌，人长时间不活动就要生病。说明人要经常活动，才会少生病。

◎睡觉不蒙头，清晨郊外走。

【释义】指睡觉时不要蒙着头，早晨起来到郊外活动，这些都有利于吸收新鲜空气，对健康有一定好处。

◎虽有十分量，莫喝十分酒。

【释义】指酒量再大也不要多喝。

◎贪吃贪睡，添病减岁。

【释义】说明饮食不节、爱睡懒觉的人容易生病，减少寿命。

◎贪得一时嘴，瘦了一身肉。

【释义】指贪嘴的人只贪图一时痛快，却损坏了身体。

◎桃养人，杏伤人，李子树下抬死人。

【释义】桃子多吃有好处，杏子多吃有害身体，李子吃多了会犯病甚至丧命。

◎体育疗法是一宝，治病健身显功效。

【释义】说明体育疗法既可健身又可治病。

◎天变雨要到，水变地要闹。

【释义】指天气由晴变阴就可能下雨，河水由清变浊就可能是发生地震的征兆。

◎天不能总晴，人不能常壮。

【释义】比喻人不会永远都非常健壮，总会有生病的时候。

◎天黄有雨，人黄有病。

【释义】说明天色发黄是下雨的征兆，人的脸色发黄是有病的征兆。

◎天怕发黄，人怕肚胀。

【释义】天色如果发黄，预示暴雨将临；人如果腹胀，说明病情严重。

◎天热人发闷，有雨不用问。

【释义】气温高，空气中湿度大，人就感觉闷热，也就预示快要下雨了。

◎天上起了钩钩云，地上不久雨淋淋。

【释义】钩钩云：即钩卷云，多发生在冷暖气流交汇的前部。指天空出现钩钩云，预示不久就会有大雨。

◎跳绳踢毽，病少一半。

【释义】指跳绳和踢毽两项运动可增强体质，减少疾病。

◎铁不磨要生锈，人不动要减寿。

【释义】指人要想长寿，就要经常活动，强身健体。

◎投亲不如访友，访友不如住店。

【释义】指出门在外，晚上在亲戚朋友家过夜，不如住旅店自由方便。

◎图俏不穿棉，冻死也枉然。

【释义】图：贪图。为了苗条好看而不穿棉衣，冻死也是白搭。劝人天冷时注意保暖，不要因为图漂亮而冻坏身体。

◎兔子靠腿狼靠牙，各有各的谋生法。

【释义】比喻为了求得生存，各有各的办法。

◎晚饭少一口，安定一整宿。

【释义】指要想安安稳稳睡好觉，晚饭要少吃，不宜过饱。

◎晚饭少一口，活到九十九。

【释义】说明晚饭不要吃得太饱，睡眠时可减轻胃的负担，对健康有益，可以使人长寿。

◎卫生好，病人少；锅灶净，少生病。

【释义】指讲究清洁卫生，才能减少疾病。

◎未晚先投宿，鸡鸣早看天。

【释义】出门在外的人，在天黑之前就要找好住处；清晨要早起床，看看天色怎么样。

◎屋宽不如心宽。

【释义】指住房宽敞不如人的胸襟开阔。

◎屋要人支，人要粮撑。

【释义】房屋要有人住才不会破败，人要吃饭才能生存。

◎ 无病一身轻。

【释义】身体健康，无病无痛，才会全身轻松。

◎ 无奈无奈，瓜皮当菜。

【释义】指人在无可奈何的情况下，只好降低生存条件，委曲求全。

◎ 蜈蚣出巡，大雨倾盆。

【释义】蜈蚣：节肢动物。身体长而扁，头部有鞭状触角，躯干有许多环节组成，每个环节有一对足。第一对足有毒腺，能分泌毒液。指蜈蚣成群结队地出来活动，预示大雨将至。

◎ 捂捂盖盖脸皮黄，冻冻晒晒身体强。

【释义】指人不要老捂着盖着，要到大自然中去经受风雨，沐浴阳光，这样身体才会健壮。

◎ 夏游泳，冬长跑，一年四季做早操。

【释义】夏天宜游泳，冬天宜跑步，一年到头都适合做早操。

◎ 夏雨连夜倾，清晨便天晴。

【释义】指夏季连夜下雨，一般早晨天气会转晴。

◎ 先苦后甜，幸福万年。

【释义】说明从小吃点苦，以后就会生活甜美，过一辈子好日子。

◎ 先睡心，后睡眼。

【释义】指睡觉时心要先安静下来，什么都不要想，然后再闭目养神，进入真正的睡眠状态。

◎ 小孩不蹦，必定有病。

【释义】蹦（bèng）：跳。指小孩如果不蹦蹦跳跳，无精打采的样子，一般是有病的征兆。

◎ 笑口常开，青春常在。

【释义】指经常保持乐观愉快的情绪对身体健康有益，可永葆青春。

◎ 心不忧伤，喜气洋洋；心不添愁，活到白头。

【释义】白头：指年老。指在生活中远离忧愁，保持良好心态，就会显得乐观快活，有利于健康长寿。

◎ 心静自然凉。

【释义】大热天，情绪安定，便不会感到炎热。

◎ 心平气和，五体安乐。

【释义】五体：指人的双手、双脚和头部。指人如能经常保持心情平静、态度温和，就会安康快乐。

◎ 新病好治，旧病难医。

【释义】新的疾病容易治好，老毛病不容易治愈。也比喻发现问题要及时处理，拖得久了就会积重难返。

◎ 行路能开口，天下随便走。

【释义】说明外出远行要多问路，就可通行四方，不会迷失方向。

◎ 行要好伴，住要好邻。

【释义】外出要找个好同伴，居住要选择好邻居。

◎ 雪上加霜，冻得筛糠。

【释义】指如果下雪天发现雪上结霜，预兆天气奇冷。

◎ 眼睛害病从手起，肚子害病从嘴起。

【释义】指眼睛生病主要是因用不干净的手揉眼睛引起的，而肚子有病主要是吃了不洁的食物引起的。告诫人们日常生活中要注意个人卫生。

◎ 燕子低飞蛤蟆叫，倾盆大雨就来到。

【释义】燕子低空盘旋，塘边蛤蟆乱叫，通常认为是天气变化的征兆，预示不久就会下大雨。

◎ 药补不如食补。

【释义】有些病用药物补不如多吃富含营养的食物。强调食疗的重要性。

◎ 药对方，一口汤；不对方，一水缸。

【释义】药对症，药量少而疗效高；药不对症，服药再多也治不了病。强调有病要对症下药。

◎ 鱼生火，肉生痰，青菜萝卜保平安。

【释义】指少吃鱼肉，多吃青菜萝卜对身体健康有益。

节日节气

◎ 八月十五过大年。

【释义】八月十五：指中秋节。大年：指春节。说明我国有些地方对过中秋节像过春节一样重视。

◎ 八月十五过大年，家家户户庆团圆。

【释义】农历八月十五中秋节民间俗称其为团圆节。在这一天，家家户户都要相聚在一起，共度团圆之夜。

◎ 八月十五天气晴，正月十五看龙灯。

【释义】指如果八月十五中秋之夜天气晴朗，那么来年正月十五元宵节有可能会是晴天，可以放心地出门观看龙灯。

◎ 八月十五雁门开，雁儿脚下带霜来。

【释义】指到了农历八月十五中秋节前后，北方的大雁开始南飞，天气逐渐转冷。

◎ 八月十五云遮月，正月十五灯盖雪。

【释义】指如果中秋之夜是阴天，来年的元宵之夜可能要下雪。

◎ 吃了端午粽，还要冻三冻。

【释义】端午：我国传统节日，农历五月初五日。指过了农历五月初五，天气虽然转暖，但气温仍不稳定，还会有冷空气到来，不必急于收起春装，换上夏装。

◎ 吃了腊八饭，就把年货办。

【释义】腊八：指农历十二月初八，民间有吃腊八粥庆贺丰收的习俗。指每年大体在腊月初八以后，就开始准备购置过年的物品。

◎ 吃了夏至饭，一天短一线；吃了冬至饭，一天长一线。

【释义】夏至：二十四节气之一，在6月21日或22日，这一天北半球白天最长，夜间最短。冬至：二十四节气之一，在12月21、22日或23日，这一天北半球白天最短，夜间最长。指夏至过后，白天渐渐短了；冬至过后，白天渐渐长了。

◎ 春分秋分，昼夜平分。

【释义】春分：二十四节气之一，在3月20或21日。秋分：二十四节气之一，在9月22、23日或24日。春分和秋分这两天，太阳直射在地球赤道的上空，南北半球昼夜时间都一样长。

◎ 春分有雨家家忙。

【释义】春分时节，我国大部地区越冬作物进入生长阶段，如果春分前后降雨情况好，农村每家每户都会忙碌起来，进行春耕春种。

◎ 大寒小寒，冷成冰团。

【释义】大寒：二十四节气之一，在1月20日或21日。小寒：二十四节气之一，在1月5、6日或7日。这段时间，一般是我国气候最寒冷的时候。大寒小寒正是"三九""四九"天气，这一时期常出现冰冻现象。

◎ 大年初一不出门，初二初三拜亲人。

【释义】大年：指春节。我国春节期间都有互相拜年的习俗。一般正月初一不出门，自己一家人团聚，从初二开始亲友间互相拜年。

◎ 大年初一吃饺子，正月十五吃元宵。

【释义】指我国北方广大地区的节日饮食习俗。

◎ 大年三十熬一宿，大年初一扭一扭。

【释义】熬一宿：指除夕晚上守岁熬夜。扭一扭：指初一这天到外面参加春节娱乐活动——扭秧歌。这是指流传于我国东北地区的民俗。

◎ 大暑小暑，灌死老鼠。

【释义】大暑：二十四节气之一，在7月22、23日或24日。小暑：二十四节气之一，在7月6、7日或8日。指大暑小暑是一年中雨水最多的时节。

◎ 端午节，划龙船。

【释义】端午节是我国的传统节日，在农历五月初五。相传古代诗人屈原在这天投江自杀，后人为了纪念他，把这天当做节日，有吃粽子、赛龙舟等风俗。

◎ 端午门挂菖蒲草，熬锅艾蒿洗洗澡。

【释义】菖蒲（chāngpú）：多年生草本植物，根茎可做香料，也可入药。艾蒿（àihāo）：多年生草本植物，叶子有香气，可入药。民间习俗，端午节家家户户门前挂菖蒲或用艾蒿水洗澡，以驱邪去病。

◎ 干净冬至邋遢年。

【释义】邋遢（lā·ta）：不整洁；不利落。说明冬至前后不下雨雪，道路干净，就预示春节期间可能有雨雪，道路泥泞。

◎ 过新年，吃汤圆。

【释义】我国南方习俗，大年初一早晨家家户户都要吃汤圆，预示全家一年团团圆圆。

◎ 九月九，是重阳，菊花酿酒满坛香。

【释义】重阳：重阳节，我国传统节日，农历九月初九。在这一天有登高的风俗。农历九月初九重阳节，正是我国北方秋高气爽菊花盛开的季节。北方一些地方多在此时制作香味浓郁又有保健作用的菊花酒。

◎ 九月九，煮杂酒。

【释义】九月九日重阳节，民间多有自制各种米酒的风俗。

◎ 立春三场雨，遍地都是米。

【释义】立春：二十四节气之一，在2月3、4日或5日。我国以立春为春季的开始。指立春后下几场雨，对农作物的播种和生长极为有利。

◎ 立春雨水到，早起晚睡觉。

【释义】指在雨水这一节气里，雨水渐多，正是备耕生产的关键时期，农村开始由冬闲进入农忙季节。

◎ 立冬雷隆隆，立春雨蒙蒙。

【释义】立冬：二十四节气之一，在11月7日或8日。我国以立冬为冬季的开始。指（我国华南地区）立冬时打雷，预兆来年立春有雨。

◎ 立夏东风摇，麦子坐水牢。

【释义】立夏：二十四节气之一，在5月5、6日或7日。我国以立夏为夏季的开始。指（我国华北地区）立夏前后如果常刮东风，预示麦收期间雨水多。

◎ 芒种芒种，样样要种。

【释义】芒种：二十四节气之一，在6月5、6日或7日。芒种时节正是农作物抢收抢种的时候，这时要抓紧时间给各种农作物播种。

◎ 七月半，敬祖先；八月半，庆团圆。

【释义】七月半，即农历七月十五日，旧时人们称这一天为鬼节，一些人在这一天焚香烧纸，祭祀祖先。八月半，即农历八月十五中秋节，是家家庆祝团圆的日子。

◎ 清明到，儿尽孝。

【释义】清明：二十四节气之一，在4月4、5日或6日。清明节活动流传已久，最为盛行的是扫墓祭祖。指清明节是儿孙们尽孝祭亲人的时候。

◎ 清明多栽树，谷雨多种田。

【释义】谷雨：二十四节气之一，在4月19、20日或21日。指清明节前后是植树造林的最佳时期，人们多忙着栽树；谷雨节前后人们多忙着播种。

◎ 清明发芽，谷雨采茶。

【释义】指茶树一般在清明节前后发芽，到了谷雨就开始采摘。

◎ 人逢喜事精神爽，月到中秋分外明。

【释义】说明人有了喜事精神特别爽快，就像中秋的月亮，显得格外明亮。

◎ 三十无鱼不为宴，初一无鸡不成席。

【释义】鱼：谐“余”。鸡：谐“吉”。这是流传于东北地区的春节饮食习俗。除夕夜宴要有鱼，表示年年有余。初一宴席要有鸡，预示来年大吉大利。

◎ 三十夜里的火，元宵夜里的灯。

【释义】元宵：元宵节，我国传统节日，在农历正月十五日。从唐代起，在这一天夜晚就有观灯的风俗。民间习俗，每年除夕之夜家家户户都要燃火守岁，元宵之夜家家户户都要挂灯笼，观灯赏月。

◎ 十五的月亮十六圆。

【释义】通常农历八月十五中秋之夜的月亮不如八月十六的圆。有人认为此景象有圆满的好事往往迟到一步的含义。

◎ 霜降到立冬，翻地冻死虫。

【释义】霜降：二十四节气之一，在10月23日或24日。指每年霜降到立冬时节，进行秋耕，有助于消灭病虫害。

◎ 未食端午粽，破裘不可送；吃了端午粽，才把棉袄送。

【释义】裘（qiú）：毛皮的衣服。指端午节没有过，御寒的皮衣、棉衣不要脱去，以免受寒。

◎ 五月初五过端阳，吃完粽子忙插秧。

【释义】说明过了端阳节就到了种植晚稻、忙着插秧的季节。

◎ 五月端午祛病邪，家家门前挂艾叶。

【释义】民间习俗，每当端午节到来时，家家户户门前都要挂上艾蒿，以祛病避邪。

◎ 五月五日午，天师骑艾虎，手提菖蒲剑，降魔三万五。

【释义】天师：指道士。艾虎：用艾做成的像老虎的东西。旧俗端午节给儿童戴在头上，认为可以驱邪。菖蒲（chāngpú）剑：因菖蒲叶子形似剑，故名。此谚语讲述旧时端午节驱邪降魔的民间习俗。

◎ 夏至未来莫道热，冬至未来莫道寒。

【释义】指夏至以后，天气炎热起来；冬至以后，天气才寒冷起来。

◎ 夏至狗，无处走。

【释义】夏至之后，天气非常炎热，连狗都热得没有地方躲。

◎ 小寒大寒，杀猪过年。

【释义】小寒：二十四节气之一，在1月5、6日或7日。大寒：二十四节气之一，在1月20日或21日。指过了小寒或大寒，人们就开始杀猪宰羊，准备过春节了。

◎ 小满暖洋洋，不热也不凉。

【释义】小满：二十四节气之一，在5月20、21日或22日。说明每年到小满的时候，天气暖和，气温适宜。

◎ 有钱无钱，回家过年。

【释义】指身在异乡的人，不管手中有没有钱，都要回到自己的家乡过春节。

◎ 正月初一逛厂甸，糖葫芦，好大串。

【释义】厂甸（diàn）：北京旧地名，在今北京和平门外琉璃厂街一带。讲述昔日北京市民大年初一赶集市、逛厂甸，到处都在叫卖大串大串的冰糖葫芦的境况。

◎ 正月十五闹元宵，狮子龙灯踩高跷。

【释义】旧时正月十五元宵节期间，我国民间有舞狮子、耍龙灯、踩高跷的习俗。人们称之为“闹元宵”。

◎ 植树不过清明节。

【释义】指清明节前后，最适宜种植树木，这时种树成活率高。